KB272844

비교 해방

비교 해방

황금 티켓 증후군에서 자유로워지는 아들러의 인생 수업

기시미 이치로 지음   김지윤 옮김

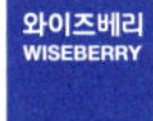

와이즈베리
WISEBERRY

일러두기

* 본문의 아들러 저작들은 가능한 원전 표기를 했습니다. 아들러의 저작이 독일어본, 영역본, 영어본 등 다양하게 있는 데다 판본마다 조금씩 제목과 내용이 변형된 경우가 있기 때문입니다. 따라서 국내에 출간된 저작의 경우도 국내 출판사에서 표기한 원제와는 다를 수 있습니다.

일본에 '어리석은 사람에게 쓸 약은 없다'라는 속담이 있습니다. 그렇다면 '평범한 사람에게 쓸 약'은 있을까요?

이 책은 '나는 생각보다 평범할지도 몰라', '내가 특별하지 않다는 사실을 받아들이기가 힘들어'라고 불안해하는 한 청년의 고민에서 시작되었습니다.

학교와 회사에서 자신이 꽤 능력 있는 사람이라고 믿어왔지만, 어느 날 문득 '사실은 그렇지 않을지도 몰라. 나는 최고도 아니고, 유일무이한 존재가 아닐지도 몰라'라고 불안해진 사람을 위한 책입니다.

이 책은 '다른 사람과 경쟁하지 않고도 행복하게 사는 법'을 다룹니다. '특별해야만 해'라는 불안을 파고들면, 그 뿌리에는 늘 비교가 존재합니다. 모든 일을 남과의 대결로 생각하고, 이겨야만 마음이 놓이지요. 하지만 그런 '특별함'이나 '승리'를 좇는 삶에는 늘 긴장이 따르게 마련입니다.

그렇다면 어떻게 해야 남과 비교하는 것에서 벗어나 자신감을 가지고 행복하게 살 수 있을까요? 이 책은 **특별해지려고 애쓰지 않으면서도 남과 다른 삶을 사는 방식**을 함께 모색합니다.

이제 인생에서 긴장을 내려놓는 사색을 시작해 볼까요.

황금 티켓 없이도
잘 사는 법

학창 시절 내내 성적이 좋았고, 사회생활을 시작하고 난 뒤에도 꾸준히 성과를 내 주위의 인정을 받아온 사람이라 할지라도 '내가 앞으로도 계속 좋은 결과를 낼 수 있을까?' 하는 생각에 문득 불안해질 수 있습니다.

한때는 자신이 남들보다 뛰어나다고 믿었지만, 사실은 그렇지 않다는 걸 경험한 사람도 있을 겁니다. 지금은 자신이 탁월하다는 확신이 있더라도, 언젠가 더 유능한 경쟁자가 나타나 현재의 자리가 흔들릴 것 같다고 느끼는 사람도 있겠지요.

'나는 특별하다'고 믿어온 사람에게 평범함은 쉽게 받아들여지지 않습니다. 그런데 우리는 왜 특별해야만 한다고 여길까요? 왜 평범하면 안 된다고 생각할까요? 남들보다 앞서가고 싶은 욕망 때문입니다. 그래야 인생의 실패자, 즉 뒤처지는 사람이 되지 않을 테니까요.

한국에서는 이를 '황금 티켓 증후군'이라 부르기도 한다지요. 학벌이 좋아야 하고, 대기업에 가야 하고, 계속 성과를 내야 하고, 그러다 보니 미래가 불안해집니다. 이 책에서는 그걸 '특별함'과 '평범함'으로 풀어냈습니다.

"나는 늘 특별해야 한다." 이 책은 그런 사람들을 위해 쓰였습니다. 읽다 보면 나는 평범할지도 모른다는 불안이나 평범해지고 싶지 않다는 강박에서 조금씩 벗어날 수 있을 겁니다. 그 결과, 긴장으로 가득한 삶의 방식을 천천히 내려놓을 수 있을 테지요.

물론 그 변화는 단번에 일어나지 않을 겁니다. 지금까지와는 다른 인생을 살겠다고 결심하는 데에는 용기가 필요하기 때문입니다.

'평범하면 안 된다', '특별해야만 한다'는 생각을 내려놓았을 때 어떤 인생이 펼쳐질지 오랫동안 타인과의 경쟁 속에서 살아온 사람이라면 쉽게 상상되지 않을지도 모릅니다.

반대로 특별해지려는 마음을 일찍 내려놓을 수 있다면, 지금까지 왜 그렇게 힘들게 살아왔을까 되돌아보며 무거운 짐을 벗은 듯한 평온함을 느낄 수 있을 겁니다. 어깨의 힘이 빠지고, 일에서도 지금보다 더 자연스럽게 자신의 능력을 발휘할 수 있겠지요.

그런 삶을 위해 저는 모든 경쟁에서 물러날 것을 권합니다. 이 말을 듣고 '경쟁 없는 삶이 가능한가' 하고 의문을 품는 사람도 있을 겁니다. 나는 경쟁하지 않는다고 해도 다른 사람이 경쟁한다면 아무 의미가 없는 것 아니냐고요.

그런데 누구도 영원히 이길 수는 없습니다. '나는 절대 지지 않는다'고 믿었던 사람도 언젠가는 그 자신감이 흔들리는 순간을 맞이하게 됩니다.

어릴 때부터 경쟁에서 이기고 좋은 성적을 받아온 사람이 '나는 사실 평범할지도 몰라'라는 생각이 들었을 때, 그것을 받아들이는 일은 쉽지 않을 겁니다. 자신의 평범함을 인정한다는 건, 결국 내가 그저 그런 사람이라고 인정하는 것처럼 느껴질 테니까요.

하지만 저는 그렇게 생각하지 않습니다. 평범해도 괜찮다는 말을 받아들이기 어려운 이유는, 우리가 떠올리는 '평범'의 의미와 제가 말하는 '평범'의 의미가 다르기 때문입니다.

경쟁에서 이겨온 사람이 떠올리는 '평범'이 '다른 사람과 똑같은 것'이라면, 평범해지고 싶지 않겠지요. 뒤에 가서 이야기하겠지만, 저 역시 다른 사람과 똑같아서는 안 된다고 생각합니다. 다만 **남과 다르기 위해 특별해질 필요는 없다**는 말을 꼭 하고 싶습니다.

특별하지 않아도 됩니다. 하지만 똑같아서는 안 됩니다. 특별하다는 것이 무슨 의미인지, 왜 특별해야 한다고 믿게 되었는지, 그 마음의 뿌리부터 함께 생각해 보겠습니다.

저는 특별할 필요가 전혀 없다고 생각합니다. 오히려 특별해지려는 노력이 인생을 더 힘들게 한다고 봅니다.

어려서부터 항상 뛰어나고, 지금까지 단 한 번도 경쟁에서 진 적이 없으며, 앞으로도 인생이 탄탄대로일 거라고 확신하는 사람일지라도 자신감을 잃게 만드는 경험을 하거나, 그런 경험을 할 뻔했다면 그것이 인생의 전환점이 될 수 있습니다.

자신이 탁월하다는 사실을 한 번도 의심해 본 적 없는 사람은 '나는 평범할지도 모른다'는 불안감을 느껴본 적이 없을지도 모르지요. 그렇지만 자신의 평범함을 받아들이는 일은 인생의 무게를 조금이나마 내려놓는 첫걸음이 됩니다.

이 책을 읽는다고 해서 나는 특별하다는 자신감을 되찾지는 못할 겁니다. 특별해지고자 하는 마음이 있는 한 진정한 자신감을 가질 수 없기 때문입니다.

평범함이란 특별할 필요가 없다는 사실을 받아들이는 일입니다. 즉 **있는 그대로 남과 다른 삶을 산다**는 뜻입니다. 다른 사람에게 잘 보여야 한다거나 경쟁에서 이겨야 한다는 압박감에서 벗어나, 자기 본래의 힘을 자연스럽게 발휘하며 살아가는 것이지요.

이 책을 다 읽어갈 즈음에는 몸의 힘을 빼고 조금 더 편안하게 살아야겠다는 마음이 들기를 바랍니다.

6장   있는 그대로의 나로부터 시작하기

7장　건강하게 삶의 욕망을 채우는 법

뒤처질까 두려운
사람들에게

수치가 가치를
나타내지 않는다

'어쩌면 나는 평범할지도 몰라.'

문득 이런 생각이 들었다면, 그전까지는 자신을 특별한 사람이라고 여겨왔을 겁니다. 어렸을 때부터 성적이 좋아 스스로 남다르다고 믿어왔다면, '내가 보통일 수도 있나' 하는 의문은 남들보다 뒤늦게 찾아오겠지요.

물론 이러한 경험은 가능한 한 하고 싶지 않을 겁니다. 하지만 현실은 그렇게 호락호락하지 않지요. 대학 입시에서 기대만큼의 성적을 얻지 못하거나 원하는 학교에 들어가지 못해서 자신감을 잃는 일이 적지 않습니다.

오늘날에는 그보다 더 이른 시기에 엘리트 코스에서 탈락하거나 명문 사립학교 입학에 실패하는 일이 벌어집니다. 설령 입학에 성공했더라도, 동기들이 모두 뛰어나다 보니 예전만큼 성적이 나오지도 않습니다. 이렇게 되면 스스로도 뛰어나다고 믿고 주변에서도 그렇게 인정해 주던 사람이라도 자신감을 잃게 됩니다.

저는 대학에서 그리스어를 가르친 적이 있습니다. 기원전 5세기 무렵 아테네에서 플라톤과 아리스토텔레스가 쓰던 언어지요. 수강생들은 하나같이 뛰어나서 영어, 독일어, 프랑스어 같은 근대 유럽어를 자유자재로 읽었습니다. 라틴어까지 읽을 수 있는 학생도 있었습니다.

그중 한 학생이 생각납니다. 어느 날 교재의 연습 문제로 나온 그리스어 문장을 일본어로 번역하는 것을 못하겠다고 고개를 떨구더군요. 외국어뿐만 아니라 그 어떤 과목에서도 막힘이 없던 학생이었지요. 아마 그 학생은 그때 처음으로 '나는 평범할지도 몰라'라는 생각을 했을 겁니다.

제가 그리스어를 가르치게 된 것은 서양 철학사를 전공한 덕분입니다. 연구실에 들어갔을 때만 해도 저는 그리스어를 꽤 잘 읽는다고 생가했지요. 그런데 그리스어를 근내어처럼 서짐없이 읽는 선배를 보고는 깜짝 놀랐습니다. 나중에 연구실에 들어온 후배들 역시 금세 원문을 읽고 토론에 참여하더군요. 뛰어난 선후배들을 보며 저는 처음으로 '나는 평범할지도 모르겠어'라고 생각했습니다.

그 수강생 역시 비슷한 감정을 느꼈을 겁니다. 자신이 읽지 못한 그리스어 문장을 다른 학생이 정확하게 읽어내는 모습을 보고 자신감을 잃은 듯 보였거든요.

외국어의 경우 번역이 맞는지 틀리는지는 그 자리에서 바로 알 수 있기에 실력이 어느 정도인지 금세 드러납니다. 하지만 외국어 문헌을 제대로 읽게 되기까지는 시간이 필요합니다. 결국 꾸준히 공부하며 익히는 수밖에 없지요.

그 학생은 새로운 언어를 큰 어려움 없이 습득해온 터라 스스로 외국어에 대한 자신감이 있었습니다. 그런 학생이 문장을 번역하지 못하고 그대로 입을 다무는 모습을 보고, 저는 놀랐습니다. 그렇지만 저 역시 철학 연구실에서 외국어에 능한 선후배를 보며 '나는 생각했던 것만큼 뛰어나지 않은 건지도 모르겠어'라고 생각한 적이 있기에, 그 학생의 마음을 충분히 이해할 수 있었습니다.

제가 학생 때부터 탐구해 온 제 전공 분야에는 전 세계적으로 수많은 학자가 있었기에, 학자로서 스스로 유능하다고 확신하기란 요원한 일이었습니다. 어느 분야든 마찬가지일 겁니다. 웬만큼 두드러지지 않으면 금세 묻혀버리니까요. 국내 연구만 주시한다면 우물 안 개구리가 될 수 있습니다. 그런데 제 학창 시절과 달리 오늘날에는 인터넷을 통해 세계 각지의 학문적 성과를 직접 접할 수 있습니다. 따라서 자신이 유능하다고 믿다가도 곧 자신감을 잃는 일이 많습니다.

업무에서는 결과가 숫자로 드러나기도 합니다. 제게는 책을 집필하는 일이 그렇습니다. 출간하고 나면 판매 성적이 곧바로 눈앞에 보입니다. 아무리 시간과 정성을 들여 책을 썼을지라도 팔리지 않으면 '내 역량이 부족한 게 아닐까?' 하고 낙담하게 됩니다.

이처럼 자신이 특별하다고 믿는 사람의 확신은 의외로 쉽게 흔들립니다. 하지만 **숫자가 곧 일의 가치를 보여주는 것은 아닙니다.** 가치를 수치로 환산할 수 없는 일은 얼마든지 있습니다. 공부 역시 마찬가지입니다. 시험 성적이 기대에 못 미친다고 해서 능력이 없다고 할 수는 없습니다. 예술 작품의 가치를 점수로 나타낼 수 없다는 것에 많은 이가 동의할 것입니다. 소설을 비롯한 문학 작품도 마찬가지입니다.

중학생 시절, 미술 시간에 저는 옆자리의 급우가 그린 그림을 보고 '나는 왜 이리 그림을 못 그릴까?' 하고 실망해 처음부터 다시 그린 적이 있습니다. 그 그림을 완성했는지는 기억나지 않습니다만, 지금 생각해 보면 잠시 엿본 것만으로 친구의 그림이 좋은지 아닌지 판단할 수는 없는 노릇이었습니다. 설령 친구와 똑같이 그렸다고 해도 그것을 내 그림이라 할 수는 없었을 테고요.

책이든 그림이든, 그 가치를 바로 알기는 어렵습니다. 따라서 다른 사람이 창조한 것의 가치를 쉽게 판단해서는 안 됩니다. 다시 말해, 다른 사람이 이룬 것을 보고 자신은 평범할지 모른다는 생각이 들어도 그 비교는 의미가 없습니다.

판매량에만 의미를 둔다면, 자신이 쓴 책이나 기획한 상품이 잘 팔리지 않았을 때 자기 일마저 가치가 없다고 느낄지 모릅니다. 하지만 이는 자기 일의 진정한 의미를 올바로 바라보지 못하는 태도입니다. 남의 일이든 자기 일이든, 수치나 일반적 기준으로는 헤아릴 수 없는 고유한 가치가 있다는 사실을 보지 못하는 것이지요.

자신의 일과 타인의 일을 비교하는 것은 본질적으로 성립할 수 없습니다.

막내처럼 살아도
괜찮습니다

저는 비교적 이른 시기에 내가 평범할지도 모르겠다는 생각을 했습니다.

물론 어릴 적에는 할아버지께서 자주 "넌 머리가 좋으니 교토대에 가거라" 하고 말씀하셨기에 스스로 똑똑하다고 믿고 있었습니다. 아직 초등학교에 들어가기 전이었고, 그때는 '교토대라는 곳에 가면 어른들이 칭찬해 주는구나'라는 정도로 막연히 이해했을 뿐 할아버지가 하신 말씀의 속뜻까지는 알지 못했지만 말이지요.

머리가 좋다는 말을 듣긴 했지만, 그게 구체적으로 무엇을 의미하는지는 알지 못했습니다. 저의 어떤 모습을 보고 할아버지께서 그렇게 말씀하셨는지도 알 수 없었습니다. 아이가 말을 빨리 배우면 어른들은 으레 "이 아이, 머리가 좋네"라고 말하곤 하지요. 아마 할아버지 역시 제가 언어 발달이 빠른 모습을 보고 그렇게 말씀하신 게 아닐까 싶습니다.

그랬기에 저는 어려서부터 스스로 머리가 좋다고 여겼습니다. 그런데 초등학교 입학 후 처음 받은 성적표에서 수학 성적이 수우미양가秀優美良可에서 '미'가 나왔습니다. 그 순간 이런 생각이 들었습니다.

'이래서는 교토대에 갈 수 없겠구나.'

성적표를 받은 날은 여름방학을 앞둔 종업식 날이었습니다. 집으로 돌아가는 길에 가방에서 성적표를 몇 번이나 꺼내 보며 깊은 한숨을 내쉬었습니다. 그날 처음으로 이런 생각이 들었습니다.

'나는 특별하지 않나 봐. 그저 평범한 건지도 몰라.'

그렇지만 저는 특별하고 싶다는 마음을 완전히 내려놓지는 못했던 모양입니다.

저는 원래 철학을 전공했습니다. 그러다 오스트리아의 정신과 의사인 알프레드 아들러가 창시한 개인심리학—일본에서는 창시자의 이름을 따서 흔히 '아들러 심리학'이라고 부릅니다—을 접하게 되었고, 이후로 줄곧 이 분야를 연구해 왔습니다. 아들러 심리학에 대해 처음 알게 된 강연에 참석한 것은 제 인생의 큰 전환점이 되었습니다.

아들러의 제자 루돌프 드라이커스Rudolf Dreikurs로부터 사사한 오스카 크리스텐센Oscar Christensen이 일본에 방문했을 때, 저는 그의 강연을 듣기 위해 오사카로 향했습니다. 그런데 강연비가 비싸서 참석하는 게 망설여지더군요. 이런 이야기를 주최 측에 전하자, 통역을 맡아주면 강연비를 면제해 준다고 했습니다. 그렇게 해서 강연회에 참석하게 되었습니다. 하지만 실제로는 제 스승님이 통역을 맡게 되었고, 강연 중 제가 통역할 기회는 끝내 오지 않았습니다.

불편한 마음으로 강연을 듣고 있다가, 강연이 끝나고 질의응답 시간이 되었을 때 저는 영어로 질문을 했습니다. 통역할 기회가 없었기에 적어도 질문만큼은 영어로 해야겠다고 마음먹었기 때문입니다. 그런데 제 질문에는 답하지 않고, 크리스텐센은 다음과 같이 이야기의 서두를 열었습니다.

"어느 날 교수님께서 아들러 심리학을 비교 고찰하는 두 장 분량의 과제를 내주셨습니다. 저는 열 장 분량의 리포트를 써서 제출했지요. 다음 날, 교수님께서 저를 부르시더군요."

이야기를 듣던 나는 속으로 생각했습니다. '두 장이면 되는 것을 열 장이나 쓰는 사람은 대체 어떤 사람일까?'

크리스텐센의 이야기가 이어졌습니다.

교수님께서 물으셨습니다.

"자네는 왜 이렇게 많이 써서 냈나?"

제가 대답했죠.

"비교 고찰에 흥미를 느꼈기 때문입니다."

"아닐 텐데? 자네는 그냥 나한테 좋은 인상을 주려고 한 것 아닌가? 지금 그대로도 충분하니, 그렇게 애쓰지 않아도 괜찮네."

저는 그때까지 늘 남다르고 싶어 했습니다. 하지만 그 말을 듣고 나서는 굳이 특별해지려고 애쓰지 않아도 된다는 것을 깨달았습니다. 그날 이후 저는 그런 행동은 그만두고 막내처럼 살기로 했습니다.

여기서 말하는 '막내처럼 산다'는 것은 '뭐든지 혼자 힘으로 해내려 하지 않아도 되고, 필요할 때는 도움을 구해도 괜찮다'고 여기는 태도를 뜻합니다.

크리스텐센의 이야기는 제가 한 질문과는 상관이 없는 듯 보여 처음에는 왜 그런 이야기를 하는 건지 알 수 없었습니다. 그렇지만 곧 그것이 나를 위한 이야기라는 사실을 깨달았습니다.

제가 영어로 질문한 것은 영어를 잘해서가 아니라, 강연자인 크리스텐센과 다른 참석자들에게 내가 잘났다는 인상을 주고 싶었기 때문입니다. 크리스텐센의 답변은 내 영어 실력이 굿 이너프(good enough, 충분히 좋다)라는 뜻이 아니라, 내가 다른 사람과 달라 보이려는 모습을 보이자 '그럴 필요 없다'는 메시지를 전하고 싶었던 겁니다. 특별해지기 위해 애쓸 필요 없이, '평범해도 괜찮다'라는 뜻이었습니다.

그날, 저는 특별해지고자 하는 마음을 버렸습니다.

우리는 삶을
선택할 수 있는 존재

초등학생 시절, 저는 키도 작고 운동도 잘하지 못했습니다. 반에서 조금도 주목받지 못했습니다. 키가 작아서 인정받지 못하는 거라고 멋대로 믿어버렸던 저는, 공부만큼은 누구에게도 지지 않겠다고 마음먹었습니다. 반에서 인기 있는 아이가 꼭 공부를 잘하는 것은 아니었지만, 내가 할 수 있는 건 공부뿐이었으니까요.

다른 친구들에게 지기 싫고, 반에서 인정받고 싶어서 하는 공부는 불순한 동기에서 비롯된 것이라고 할 수 있습니다. 하지만 그때의 저는 '특별해야 한다'는 강한 신념에 사로잡혀 있었습니다.

모든 사람이 처음부터 특별한 사람이 되고자 하는 것은 아닙니다. 다만 어린 시절 '나는 특별하다'라고 느낀 경험이 있다면,

그 영향으로 자신은 특별하다고 믿게 됩니다. 정확히 말하면, 그런 경험이 계기가 되어 특별해지겠다고 결심하는 것이지요.

그 목표를 이루기 위해 우리는 '성격'을 선택합니다. 세계를 보는 방식(이 세계를 어떻게 보는지), 다른 사람과 자신을 인식하는 방식(타인과 자신을 어떻게 바라보는지)이 성격의 한 단면입니다. 세상을 위험한 곳으로 보고, 타인은 자신에게 상처를 주거나 함정에 빠뜨릴지도 모르는 존재로 여기는 것도 성격입니다. 자기 자신이 능력 없다고 생각하는 사람이 있다면, 그러한 생각이 그 사람의 성격이지요. 이와는 반대로, 세상과 타인 그리고 자신을 긍정적으로 바라보는 사람도 있습니다.

어떤 문제에 직면했을 때, 그것에 대처하는 방식도 성격입니다. 문제에 대응하는 방식은 늘 대체로 비슷하게 나타납니다.

아들러는 인간의 행동과 사고방식을 설명할 때 성격이 아닌 '생활양식Life style'이라는 말을 사용했습니다. 성격은 일반적으로 타고난 기질처럼 바꾸기 어려운 것으로 여겨지는데, 아들러는 개인 스스로 '생활양식을 결정할 수 있다'고 보았기 때문입니다. 어째서 스스로 결정했다고 말할 수 있을까요? 한 부모에게서 태어나 거의 비슷한 환경에서 자라난 형제끼리도 제각각 성격이 다릅니다. 이는 결국 성격을 선택했다고밖에 설명할 수 없습니다.

성격을 자신이 결정했다거나 선택했다는 말을 들으면 "그런 기억은 없는데요"라고 말하고 싶어질지도 모릅니다. 그런데 자신이 선택한 것이라면 어른이 된 뒤에 바꾸는 것도 가능합니다. 만약 성격이 선천적이고 바꿀 수 없는 것이라면, 교육이나 교정이란 애초에 불가능하겠지요.

다만 단 한 번의 경험을 계기로 어느 날 갑자기 생활양식이 결정되는 것은 아닙니다. 어린아이일 때 여러 번 선택을 반복하다가 열 살 무렵이 되면 '이 생활양식으로 살자'라고 마음을 정하고 그 후로는 크게 변하지 않습니다.

이 생활양식은 스스로 골랐다고 하지만, 완전히 백지상태에서 자유롭게 정한 것은 아닙니다. 그 결정에는 부모의 가치관이나 문화적 환경, 특히 형제 관계가 크게 작용합니다. 출생 순번, 즉 첫째냐 둘째냐 중간이냐 막내냐, 혹은 외동이냐가 생활양식을 형성하는 데 중요하게 작용합니다.

특별해지고 싶다는 마음도 어른이 되어서 생기는 것이 아니라, 어린 시절에 이미 생기기 시작합니다. '왕좌를 빼앗긴 경험 dethronement'이 바로 그 계기가 되지요.

첫째는 동생이 태어나기 전까지는 부모의 모든 관심과 애정을 독차지합니다. 동생이 태어나면 이러한 사정은 달라집니다. 부모가 예전처럼 첫째를 대하려고 해도, 새로 태어난 아기에게 시간과 에너지를 할애할 수밖에 없습니다. 부모가 특별히 응석

받이로 키우지 않았더라도, 첫아이라서 많은 관심을 쏟아왔다면, 첫째는 부모의 달라진 태도에 혼란스러워 합니다.

부모는 첫째에게 상황이 달라졌다는 사실을 이해시키려고 하지요. 하지만 아이 스스로 그 변화된 상황을 받아들이지 못하면, 그때까지 독점해 왔던 부모의 관심과 애정을 나중에 태어난 동생에게 빼앗겼다고 느끼게 됩니다. 이것이 바로 '왕좌를 빼앗긴 경험'입니다. 첫째에게 동생은 곧 '라이벌'이 되는 것이지요. 둘째 역시 자기 밑으로 동생이 태어나면 첫째와 비슷한 경험을 할 수 있습니다.

다만 같은 상황에 놓인 아이들이 모두 왕좌를 빼앗겼다고 느끼는 것은 아닙니다. 손에 쥔 돌은 손을 펴면 반드시 떨어지게 마련이지만, 형제 관계에서의 박탈은 '심리적 하강(아들러의《알프레드 아들러, 교육을 말하다 Die Erziehung der Kinder》)'이기 때문에 모든 아이에게 똑같이 일어나지는 않습니다. 실제로 어떤 아이는 박탈이 아니라 단순히 '하강', 즉 왕좌에서 내려왔다고 느끼기도 합니다. 이런 아이들은 동생의 탄생을 기뻐하고 부모를 돕습니다.

하지만 동생에게 부모와 왕좌를 빼앗겼다고 생각하는 많은 첫째가 잃어버린 자리를 되찾으려고 합니다. '특별해지려는 것'으로 부모의 관심을 끌려고 하는 겁니다.

처음에는 '착한 아이'가 되려고 하지요. 부모는 "이제부터 너는 형/오빠, 누나/언니야"라고 하며 혼자 할 수 있는 일은 스스로 하도록 격려합니다. 아이도 부모와 함께 잠들지 않고, 혼자 자거나 부모를 돕는 등 기대에 부응하려 하고요. 이렇게 특별히 착해지려는 것은, 그렇지 않으면 부모의 사랑을 받을 수 없다고 여기기 때문입니다.

부모가 부탁한 일을 잘 해내면 아이는 칭찬받습니다. 그러면 아이는 점점 더 '칭찬받는 착한 아이가 되고 싶다'는 마음에 사로 잡히고, 더 잘하려고 애쓰게 됩니다. 그렇지만 늘 칭찬을 받을 수 있는 건 아닙니다. 부모가 시킨 일을 제대로 하지 못하거나, 집안 일로 바쁜 부모를 대신해 동생을 돌보다 울려버리기라도 하면 "쓸데없는 짓을 하니까 그렇지"라는 핀잔도 듣습니다.

엄마 아빠를 기쁘게 해주려고 한 일이 실패해 오히려 꾸중을 듣는 일이 반복되면, 아이는 착한 아이가 되기를 포기하고 부모 를 곤란하게 하는 행동을 하기 시작합니다. 배변 실수를 하거나, 밤에 잠자리에서 울거나 오줌을 싸는 일 등이 그렇습니다. 예전 에는 뭐든 혼자 잘하던 아이가 갑자기 아무것도 못하게 되는 것 이지요.

심지어 문제 행동을 보이기도 합니다. '퇴행 행동'이라고도 하 는데, 이런 행동들은 부모의 관심을 끌기 위한 것입니다. 부모에 게 혼나고 싶어서 그러는 것이 아니지요. 부모에게 혼이 나더라 도, 부모가 가장 곤란해할 타이밍에 일부러 그런 행동을 함으로 써 부모의 주목을 받으려고 합니다.

부모는 전처럼 첫째를 사랑하지 않게 된 것이 아니라, 그저 동생을 돌보느라 품이 더 드는 것뿐입니다. 그러나 첫째는 그런 이유를 알지 못하고, 부모에게 혼이 날 때마다 '역시 나를 사랑하지 않는구나' 하고 단정 지어 버리지요.

특별해지고 싶어 하는 마음은 첫째만 갖는 것이 아닙니다. 둘째 역시 마찬가지입니다. 첫째는 이른바 페이스메이커로 앞에서 달리고 있습니다. 둘째는 그 뒤를 따라가며 바람을 정면으로 맞지 않아도 되지요.

첫째는 모든 일의 첫 경험자입니다. 초등학교에 들어가는 것도, 중학교에 들어가는 것도 첫째가 첫 테이프를 끊습니다. 그렇기에 부모 역시 시행착오를 겪습니다. 하지만 둘째 이후의 아이는 첫째의 행보를 보며 자라기에 요령이 좋고, 크게 실패하는 일이 적습니다. 동생은 위의 형제와 끊임없이 경쟁하며 이기려 합니다. 페이스메이커인 첫째가 조금이라도 힘이 떨어진 듯 보이면 재빨리 앞지르려 하지요.

둘째는 형제 중 누군가가 주도권을 쥐는 상황을 순순히 받아들이지 못할 때가 있습니다. 쓰러뜨릴 수 없는 권력은 없다고 생각하며 권위에 쉽게 복종하지 않습니다. 특히 자신을 부모를 대신하는 존재라고 여기는 첫째에게는 어떤 일이 있어도 지면 안 된다고 느낍니다.

둘째는 동생이 태어나면 '중간 아이'가 되어 위아래로 치이는 듯한 처지가 됩니다. 태어났을 때 이미 위에 형제가 있는 탓에 첫째가 태어났을 때처럼 부모의 주목과 관심, 사랑을 온전히 받지 못합니다. 그런 상황에서 동생이 태어나면 부모의 시선이 또 분산됩니다. 물론 실제로 꼭 그런 것은 아니겠지요. 하지만 아이의 마음속에 그러한 믿음이 자리 잡게 됩니다.

중간 아이는 형제 중에서 가장 주목받기 어렵다는 생각에 부모의 관심을 끌기 위해 문제 행동을 보이기도 합니다. 하지만 한편으로는 다른 형제보다 더 빨리 '엄마 아빠한테 의지해서는 안 돼'라고 깨닫고, 형제 중 가장 먼저 진학이나 취업을 이유로 집을 떠나기도 합니다.

막내는 왕좌를 빼앗기는 일이 없습니다. 언제나 가장 사랑받는, 말하자면 '영원한 아기' 같은 존재입니다. 형이나 누나가 같은 나이에 할 수 있게 된 일도, 막내가 못하면 부모는 대수롭지 않게 여기지요. 이 때문에 막내는 의존적이 되어 부모에게 기대려고도 합니다.

하지만 형이나 누나가 먼저 해내는 모습을 보고 자극을 받아 더 큰 노력을 기울이기도 합니다. 그 결과, 오히려 형이나 누나보다 빨리 성장해 앞지르기도 하지요. 다만 자신이 뛰어나다고 믿게 되면 또 다른 문제가 생깁니다. 자신보다 힘도 경험도 많은 형이나 누나의 존재를 인정하고 싶지 않아서, 더 뛰어나려는, 다시 말해 더 특별해지려는 욕심이 생기기 때문입니다.

이처럼 아이들은 어떤 순서로 태어났든 부모의 관심을 끌기 위해 특별한 존재가 되려고 애를 씁니다. '특별하지 않으면 주목받을 수 없어'라고 믿기 때문이지요. 모든 아이가 꼭 이렇게 생각하는 것은 아닙니다. 부모의 관심을 굳이 바라지 않는 아이도 있습니다. 또 어른이 되어서도 다른 사람의 인정을 바라기보다는, 주목받지 않아도 자신의 행동 그 자체에 가치가 있다고 믿으며 행동하는 사람도 있습니다.

초등학생 시절의 저는 공부로 인정받지 못했습니다. 공부를 잘했다고 해서 주목받지는 않았겠지만, 그럼에도 좋은 성적을 받게 되면 내게 '공부를 잘한다'는 이미지가 생겨 특별한 사람이 되리라고 생각했습니다. 다른 사람의 기대에 부응하고 싶었던 탓이겠지요. '내가 공부를 잘할 거라고 기대하는 사람은 없을지도 몰라' 같은 생각은 하지도 않았습니다.

칭찬이
좋지 않은 이유

'엄마 아빠는 이제 나를 예전만큼 사랑하지 않는 걸까?'

아이의 이런 마음은 부모의 태도가 달라졌기 때문이 아니라, 아이의 눈에 그렇게 비친 탓입니다. 부모는 모든 자식을 공평하게 대하려고 합니다. 그럼에도 아이가 "요즘은 나를 예뻐하지 않잖아"라고 말할 때면 당황할 수밖에 없지요. 하지만 돌이켜보면 누구나 한 번쯤 어릴 적 동생이 태어났을 때 '사랑이 줄었다'고 느낀 기억이 있을 겁니다.

아이들은 부모의 관심과 애정을 두고 서로 경쟁합니다. 그리고 이 경쟁에서 이기려면 특별해야 한다고 믿게 되지요. 예를 들어, 공부로 부모에게 인정받으려면 '좋은 성적을 거둬야 한다'고 생각하는 식입니다.

그러나 경쟁이 어디에서나 일어난다고 해서 그것이 당연한 일은 아닙니다. 계속 이길 수도 없고, 계속 이긴다고 해도 언젠가 질지도 모른다는 두려움에 끊임없이 시달리게 되지요. 생활 양식을 결정하는 요인 중 하나로 '태어나 자란 문화'를 들 수 있는데, 만약 경쟁이 당연하지 않은 사회에서 자라났다면 특별해야 한다는 생각을 하지 않았을지도 모릅니다.

태어난 순서에 따라 경쟁심이 생기기도 하지만, 부모의 태도가 아이들의 경쟁심을 부추기기도 합니다.

부모는 아이가 문제 행동을 하면 꾸짖고, 마음에 드는 행동을 하면 칭찬합니다. 그 결과, 칭찬받는 아이와 그렇지 않은 아이, 혼나는 아이와 그렇지 않은 아이가 생깁니다. 모든 아이가 부모에게 칭찬받고 싶어 하지만, 항상 칭찬받을 만한 행동만 하는 것은 아니지요. 그리고 앞서 말했듯, 칭찬받지 못한 아이는 혼이 나더라도 주목받으려고 합니다.

예를 들어, 그림 그리기는 그 자체로도 즐겁고 만족을 얻을 수 있는 행위입니다. 그럼에도 칭찬받고 싶어 하는 아이는 자기가 그린 그림을 부모에게 보여주지요. 부모가 못 그렸다고 하지 않아도, 기대했던 평가를 받지 못하면 아이는 실망합니다. 그 결과, 오랜 시간 공들여 완성한 그림일지라도 구겨서 버리기도 하고요.

이런 아이는 그림을 그리고 싶어서 그린 것이 아닙니다. 칭찬받기 위해 그린 것이지요. 따라서 칭찬받지 못하면 그림을 그리는 의미가 없어집니다.

칭찬이 양육이나 교육을 하는 데 있어서 유용하다고 생각하는 사람이 많습니다. 하지만 그 부작용 또한 알고 있어야 합니다. 부모의 관심을 얻기 위해 공부를 하는 것도, 부모를 곤란하게 만들기 위해 공부를 하지 않거나 다른 문제 행동을 하는 것도 결국은 부모의 시선을 끌고 특별해지고 싶기 때문입니다.

아들러는 칭찬에 대해 이렇게 말했습니다.

아들러는 때로 칭찬에 대해 긍정적으로 언급하기도 했지만, 이 구절에서는 그 부작용을 분명히 지적하고 있습니다. 아이들은 '지지받고 칭찬받고 있는 동안'에는 앞으로 나아가지만, '스스로 노력해야 하는 때'가 오면 오히려 용기를 잃고 물러서기도 합니다.

형제자매 간 경쟁에서 이겨야 하고, 부모의 주목을 받기 위해 특별해야 한다고 믿으며 자란 아이는 점차 다른 사람의 인정을 받기 위해 공부하고 일하게 됩니다.

상사가 부하를 칭찬하는 경우에도 같은 문제가 생깁니다. 칭찬이 동기가 된 사람은 칭찬이 사라지는 순간 곧바로 의욕을 잃어버리기 때문입니다.

인정받고 싶은 마음이 강해지면

　가정에서 중요하게 여기는 것은 아이의 인생에도 큰 영향을 미칩니다. 집안의 가치관은 아이가 자연스럽게 받아들이기도 하지만, 때로는 반발하게 될 만큼 강한 힘을 지닙니다. 결국 아이의 생활양식을 형성하는 토대가 되지요.

　특히 부모가 '학벌'을 얼마나 중요하게 여기느냐는 아이의 장래를 크게 좌우합니다. 부모가 모두 학벌을 중요하게 생각한다면 그 영향은 더욱 커지지요. 부모 한쪽만 그런 가치관을 가지고 있어도 아이에게 미치는 영향은 상당합니다.

　이런 가정에서 자란 아이는 부모의 표정과 말 한마디에 민감하게 반응합니다. 성적이 좋지 않으면 눈치를 보고, 반대로 좋은 성적을 거두면 인정받기 위해 더욱 노력하지요. 그렇게 부모를 기쁘게 하려고 애쓰는 과정에서 '특별해야만 사랑받는다'라는 믿음이 마음속에 자리 잡게 됩니다.

부모가 고학력자라면, 아이 역시 비슷한 길을 목표로 삼는 경우가 많습니다.

반면 어떤 아이들은 상급 학교에 진학하지 않고, 졸업 후 곧바로 사회에 나가겠다고 말하지요. 이때 많은 부모가 불안을 느낍니다. 자신이 걸어온 길과는 전혀 다른 길을 선택한 것이니까요.

하지만 부모에게 반발하기 위해 다른 길을 선택했다면, 이는 여전히 부모의 가치관에서 벗어나지 못한 것입니다. 자신이 어떤 삶을 살지는 부모의 가치관과는 상관없이 스스로 결정해야 합니다. 부모에게 맞서기 위해서 결정하는 한 자신의 삶을 살 수 없습니다.

너무 깊이 고민하지 않고 부모의 기준을 그대로 따르는 것도 마찬가지입니다. 부모에게 인정받기 위해, 혹은 형제보다 앞서 나가기 위해 선택한 길이라면, 이것 역시 스스로 결정한 것이라고 볼 수 없습니다.

이런 삶을 선택한 아이들은 세상의 많은 사람과 같은 길을 걷고자 합니다. 부모를 기쁘게 하려는 마음도 있지만, 부모기 인정하는 인생, 즉 일반적인 삶에서 벗어나는 게 두렵기 때문이지요.

왜 자꾸
나를 꾸미는가

부모의 가치관에 영향을 받으며 형제와의 경쟁 속에서 자란 아이는 특별해야 사랑받는다는 믿음을 품고 성장합니다. 학교에 들어가서도, 사회에 나가서도 같은 마음으로 살아가게 되지요.

그런 아이는 늘 다른 사람의 시선을 의식하고, 주변이 자신을 어떻게 평가하는지에 맞춰 자신을 꾸미려 합니다. 학교에서라면 공부를 잘하는 아이, 운동을 잘하는 아이, 혹은 인기가 많은 아이처럼 어떤 역할을 맡음으로써 자신의 존재를 증명하려고 하지요.

이러한 태도가 성인이 된 뒤에도 '특별해야 한다'는 의식을 갖도록 만듭니다.

2장

끝없는 비교 속에서 산다면

지나치게
긴장된 삶을 산다

죽기 살기로 공부해 우수한 성적을 거두고, 원하는 대학에 합격해 순탄한 인생을 사는 사람일지라도 언제까지나 뛰어난 성과를 유지할 수는 없습니다.

물론 일에서 늘 좋은 결과를 내는 사람도 있지요. 하지만 그런 사람조차 흔들림 없는 자신감을 지닌 것은 아닙니다. 겉으로는 자신만만해 보여도, 속으로는 '언제까지 이렇게 잘할 수 있을까?' 하는 불안감을 안고 있지요.

자신감이 흔들려본 적이 있다면, 그 경험을 새로운 삶을 향한 전환점으로 삼았으면 합니다. 특별해야 한다는 생가에서 벗어나기만 해도 인생은 달라집니다. 물론 지금까지의 사고방식을 바꾸는 일은 쉽지 않을 겁니다.

저는 앞으로 공부나 일을 게을리하라는 말을 하려는 게 아닙니다. 그 노력의 에너지를 특별해야 한다는 집착에 쏟아붓는 일을 이제 멈추었으면 한다고 말하려는 겁니다.

아들러는 그의 저서에서 종종 '지나치게 긴장하는 사람'의 사례를 소개합니다. 그들은 지금까지 살펴본 것처럼 특별해야 한다고 믿는 사람들입니다.

불면증에 괴로워하는 한 학생이 있었습니다. 그는 어릴 적부터 누구에게도 인정받지 못했습니다. 그러던 어느 날, 담임 선생님의 부재로 오게 된 임시 교사가 그의 가능성을 알아보고 용기를 북돋아 주었습니다(아들러의 《삶의 과학The Science of Living》). 아마 "너라면 좋은 성적을 거둘 수 있을 거야"라는 말을 들었겠지요. 이를 계기로 그 학생은 빠르게 좋은 성적을 거뒀지만, 자신이 정말 뛰어나다는 확신은 하지 못했습니다. 늘 뒤처질까 두려워하며 종일 밤늦게까지 공부했습니다. 그 결과, 어른이 되어서도 무언가를 이루어내기 위해서는 밤낮없이 일해야 한다는 생각에 사로잡히게 되었습니다.

아들러는 특별해야 한다고 믿는 사람은 늘 긴장 속에 살며, 자신의 성공을 의심한다고 말합니다. 이처럼 특별해지고자 하는 사람은 자신이 정말로 뛰어난 사람이라고 믿지 못한 채 지나치게 초조해하며 성과를 내기 위해 애씁니다.

저는 학생 시절 죽기 살기로 공부했지만, 제가 정말 뛰어나다고는 생각하지 못했습니다. 졸업 후에도 이러한 생각에서 완전히 벗어나지 못했지요. 타고난 재능은 부족하다고 여겼어도 '꾸준히 노력할 수 있는 힘도 재능이다'라며 마음을 다잡았습니다.

물론 무언가를 이루려면 노력은 필요합니다. 실제로 저도 남들보다 더 열심히 살아왔습니다. 하지만 돌이켜보면 저는 아들러가 말한 '지나치게 긴장하는 사람'에 가까웠던 것 같습니다.

아들러는 피로를 쉽게 느끼고 두통을 호소하는 아홉 살 소녀의 사례도 들려줍니다. 소녀는 학교생활을 즐기면서도 필요 이상으로 공부했는데, 아들러는 자신감이 부족해서 그런 것이라고 보았습니다.

소녀는 무언가 큰일을 해내고 싶어 했고, 무리하게 노력할 때에만 그것이 가능하다고 믿고 있었다.

_아들러의 《학교로 간 아들러의 개인 심리학Individualpsychologie in der Schule》

기대에 부응하려고
애를 쓴다

소녀가 과하게 노력한 이유는 단순히 자신감이 부족해서만은
아니었습니다. 더 큰 이유가 있었지요.

소녀는 특히 선생님을 기쁘게 하려고 과도하게 노력한다.

_《학교로 간 아들러의 개인 심리학》

불면을 호소한 학생도 마찬가지입니다. 그가 노력 끝에 좋은
성적을 얻은 것은, 자신을 인정해 준 선생님을 기쁘게 해주고픈
마음도 있었을 겁니다.

'특히 선생님을 기쁘게 하려고'라는 부분에서 짐작할 수 있듯,
그 마음은 교사뿐만 아니라 부모에게도 향했습니다. 자신에게

기대를 건 사람들을 실망시키고 싶지 않았던 것이지요.

항상 기대받고 있다는 압박을 짊어지고, 늘 앞으로 떠밀리며, 지나치게 자기 자신에게 관심을 갖는다.

_《삶의 과학》

이러한 압박은 **'뛰어난 척 가장하는 데 불과한 우월 콤플렉스'**를 감추기 위해 느끼는 것입니다.

우월 콤플렉스란 자신이 뛰어나다고 과시하는 걸 말합니다. 실제보다 더 뛰어나 보이려고 하지요. 왜 그럴까요? 마음 한편에는 자신이 그만큼 뛰어나지 않다는 불안감이 있기 때문입니다. 결국 우월 콤플렉스의 바탕에는 열등감이 자리하고 있습니다. '뛰어난 척 가장한다'는 바로 이를 뜻합니다.

이렇게 지나치게 긴장하는 사람에게는 또 다른 문제가 있습니다. 기대에 부응해야 한다는 압박 속에서 다른 사람에게 자신이 어떻게 비칠지를 끊임없이 의식한다는 점입니다.

예를 들어, 국가를 대표해서 싸워야 한다고 생각하는 올림픽 출전 선수가 있다고 해봅시다. 부담감 때문에 제 실력을 발휘하지 못한 그는 경기 후에 국민 앞에서 얼굴을 들 수 없다고 괴로워하기도 합니다. 가족이나 관계자, 팬들은 메달을 기대합니다만, 정작 그 기대는 선수의 마음을 짓누르는 것이지요.

아들러는 이런 '기대받고 있다는 압박'에 눌린 사람은 결국 자기 자신에게만 관심을 쏟는다고 말합니다. 다른 사람의 시선을 의식하며 자신이 어떻게 보이는지에만 온 신경이 가 있기 때문입니다.

_《다시 일어서는 용기》

이는 과도한 기대가 오히려 실력을 가로막는 상황을 보여줍니다. 마치 금메달이 유력하던 선수가 경기 초반 탈락하고, 예상 외의 선수가 좋은 성적을 거두는 일처럼 말이지요. 실패의 원인이 과제의 난이도에 따른 것이 아니라, 실력이 충분한데도 기대에 부응해야 한다는 생각으로 인해 심신이 위축된 탓일 때가 많습니다.

_아들러의 《아들러 삶의 의미Der Sinn des Lebens》

과제를 해결할 능력이 부족하다면 더 공부하면 됩니다. 운동선수라면 훈련을 거듭하면 좋은 결과를 낼 수 있겠지요.

그런데 '자신에게 가치가 없다는 사실이 드러날 것'을 두려워해 뒷걸음질하게 된다고 아들러는 말합니다.

여기서 아들러가 사용한 '가치'란 말에는 설명이 필요한데요, 아들러는 이렇게 말합니다.

사람은 자신에게 가치가 있다고 생각될 때에만 용기를 낼 수 있다.

_아들러 강연 연설 모음집 《아들러가 말하다Adler Speaks》

공부나 일의 경우 이 '가치가 있다'라는 말은 자신에게 '능력이 있다'는 믿음과 '자신에게 달렸다'는 '기대'를 포함합니다. 하지만 이런 기대는 때때로 사람을 불안하게 만들지요.

내게 한 기대를 저버리게 되지는 않을까 하고 걱정하게 된다.

_《다시 일어서는 용기》

우월 콤플렉스를 지닌 사람은 다른 사람에게 어떻게 보일지에만 신경 쓰며 부모나 교사가 자신에게 기대를 걸고 있다고 느낍니다. 그리고 그 기대에 반드시 부응해야 한다고 여기지요. 그래서 좋은 성적을 받지 못했을 때도, 혹은 좋은 성적을 낼 자신이 없을 때도 여전히 인정받고 싶은 마음이 앞서면 잘못된 방법을 택하기도 합니다.

대학에서 뛰어난 인재가 논문을 표절하는 일도 이런 이유에서 비롯됩니다. 탁월하지 않으면 기대에 부응할 수 없다고 생각하기 때문입니다. 하지만 알고 보면, 그 기대는 본인이 상상하는 것만큼 크지 않을지도 모르지요.

열등감에
괴로워한다

어린 시절에 다른 사람의 기대에 부응하기 위해 애써온 아이는 어른이 되어서도 지나치게 노력하며 늘 긴장된 삶을 삽니다.

그런 사람의 과도한 긴장은 자신의 성공을 의심하고 있음을 드러내는 것이며, 그 의심은 실제로는 뛰어난 척 가장하는 데 불과한 우월 콤플렉스에 의해 덮이고 숨겨지게 된다.

_《삶의 과학》

이렇게 끊임없이 애쓸수록 자신은 뛰어나다고 믿고 싶어집니다. 하지만 '뛰어난 척 가장하는' 이유는 앞서 말했던 것처럼 실제로는 자신이 뛰어나지 않다고 생각하기 때문입니다. 우월 콤플렉스는 열등감의 또 다른 표현이지요.

아들러는 이렇게 말합니다.

아들러가 말하고자 한 뜻은 크게 보이면 뛰어난 사람이 될 수 있다는 것이 아닙니다. 그런 걸로 쉽게 성공하거나 우월감을 얻을 수 있다고 착각하는 사람들이 있다는 것이지요.

발끝으로 서서 아무리 자신을 크게 보이려고 해도 정말 뛰어나지 않으면 의미가 없습니다.

쉽게 좌절하고
쓰러진다

아들러는 《삶의 과학》에서 '높은 목적'과 운명적으로 연결되어 있다고 믿는 사람의 사례를 소개합니다. 높은 목적과 운명적으로 이어져 있다는 표현은 다소 거창하지만, 이는 자신이 다른 사람과는 달리 어떤 위대한 일을 성취할 특별한 존재라고 믿는 태도를 뜻합니다.

어느 날, 한 남성이 빈의 극장에 가려다가 다른 볼일이 생겨 잠시 다른 곳에 들르게 되었습니다. 일을 마치고 극장에 도착했더니, 극장이 불에 타 잿더미만 남아 있는 겁니다. 그는 '나는 살아남았다'란 생각에 자신이 특별한 존재라는 확신을 갖게 되었습니다.

이런 일은 흔합니다. 문제는 이후의 인생에서 '특별한 체험'을 근거로 한 이런 믿음이 배신당하는 순간이 온다는 점입니다. 이 남성의 경우 이후 아내와의 관계가 파탄 났을 때 크게 좌절했습니다. 용기가 꺾여 삶의 버팀목을 잃었고, 우울증에 걸릴 뻔했습니다.

이처럼 스스로를 특별하다고 믿어온 사람은 인간관계에서뿐만 아니라, 일에서도 단 한 번 삐끗했을 때 다시 일어서지 못할 수도 있습니다. 자신이 특별하다고 믿는 사람의 자신감은 이토록 취약합니다.

아무것도
하지 않는다

아들러는 열등감을 가진 사람에 대해 이렇게 말합니다.

무엇이든 해낼 수 있다고 느끼는 우월감을 가진 사람이 있다. 이러한 사람은 모든 것을 알고 있고, 아무것도 배울 필요가 없다고 생각한다. 이러한 태도가 어떤 결과를 불러올지는 분명하다. 이렇게 느끼는 아이는 대체로 학교에서 성적이 나쁘다.

_《삶의 과학》

또 이렇게도 말합니다.

이에 대해서는 뒤에서 다시 다루겠지만, 여기서 아들러가 지적한 것은 무엇이든 해낼 수 있다는 '느낌'만으로 스스로를 우월하다고 믿는 태도입니다. 이런 사람은 하면 된다고 생각하지만, 정작 행동으로 옮기지는 않습니다.

하면 된다고 생각하는 사람은 아무것도 하지 않습니다. 자신이 뭐든지 알고 있다고 여기는 사람은 아무것도 배우려 하지 않습니다. 자신은 이미 충분히 뛰어나니 '배움'은 모자란 사람들이 하는 일이라고 여기는 것이지요.

대학에서 배운 지식이 쓸모없다고 말하는 사람도 있습니다. 물론 지식 그 자체는 당장 직접적인 도움이 되지 않을 수도 있습니다. 하지만 리포트나 논문을 쓰며 익힌 연구 방법이나 글쓰기 능력은 이후 사회생활을 할 때 유용하게 쓰입니다. 학생 때 배운 지식만으로는 대처할 수 없는 상황도 생깁니다. 따라서 부단히 배워야 합니다.

하지만 우월감에 젖은 사람은 새로운 것을 배우려 하지 않습니다. 왜 그럴까요? 몰랐던 것을 배우고 일에 임했는데, 혹시나 원하는 결과를 내지 못할까 봐 두렵기 때문입니다.

우월감을 가진 사람이 배우려 하지 않는 것은 이미 충분히 알고 있어서가 아닙니다. 새로운 것에 도전했다가 원하는 결과를 얻지 못하는 상황을 피하기 위해 이미 충분히 뛰어나다는 핑계를 대며 아무것도 시도하지 않으려는 것이지요.

3장

나의 개성을
발휘하는 삶

‘평범하다’는 말이
싫은 이유는

여기까지 읽고 ‘내가 특별해야 한다는 생각으로 살아왔구나’ 하고 깨닫게 된 분도 있을 겁니다. 그동안 노력했던 것이 단순히 성실한 기질 때문이 아니라, 다른 사람의 기대에 부응하기 위해 자신을 실제보다 크게 보이려 했던 일은 아니었는지 스스로 돌아보기도 하겠지요.

그렇다면 이제는 그렇게 애쓰지 않아도 됩니다. 평범한 모습 그대로 살아가도 괜찮습니다.

평범하게 산다는 것은 남의 시선을 의식하지 않고 있는 그대로의 자신을 받아들이는 일입니다.

‘평범하다’라는 말은 마치 서열에서 중간쯤 위치한다거나 ‘남과 똑같다’는 의미로 받아들여지기도 합니다. 따라서 ‘평범해도 괜찮다'라는 말이 패배 선언처럼 들릴지도 모릅니다. 그러나 그것은 남의 기준일 뿐입니다.

누군가의 관심과 애정을 받기 위해 억지로 칭찬받을 필요도, 일부러 문제를 일으켜 주목을 끌 필요도 없습니다. 잘하려고 지나치게 애쓸 이유도, 나쁘게 보이려고 일부러 힘줄 이유도 없습니다. 공부에서든 일에서든 특별하지 않아도 됩니다. 평범하게 지내도 충분합니다.

자신을 실제보다 더 잘 보이려 꾸미는 태도는 결국 허영심에 불과합니다. 모든 것을 아는 척하는 사람보다 모르는 것이 있어도 인정하고 담백한 태도를 보이는 사람이 오히려 공부에서도 일에서도 더 큰 신뢰를 얻습니다.

지금껏 특별한 존재가 되기 위해 애써온 사람이라면 '평범'이라는 단어에 거부감을 느낄지도 모르겠습니다. 특별해야 한다는 믿음 아래 늘 남과 경쟁해 온 사람은 모두와 똑같아서는 안 된다고 생각하게 마련이지요. 그래서 '평범'이란 말을 들으면 '모두와 똑같다'라는 뜻으로 받아들이고, 그것을 경쟁에서 물러나는 일, 결국 패배로 여깁니다.

이제 '특별하지 않아도 되지만 똑같아서도 안 된다'라는 관점에서 '평범함'의 의미를 생각해 보고자 합니다. 평범함이란 말에 얽힌 선입견과 마음속의 굴레를 하나씩 풀어가 보지요.

우리는
모두 같지 않다

평범하다는 것은 모두와 똑같다는 뜻이 아닙니다. 모두와 달라지기 위해 억지로 특별해질 필요는 없습니다.

'평범하다'는 것이 '모두와 똑같다'라는 뜻이라면, 우리는 결코 모두와 같아서는 안 되겠지요.

예를 들어, 구직 활동을 할 때 면접용 정장을 입는 것은 일반적인 일입니다. 하지만 중요한 것은 면접 때 똑같이 정장을 입는, 즉 겉모습의 '동조同調'가 아니라 자신의 생각과 가치관을 전하는 일입니다.

다른 사람보다 뛰어나다는 것을 억지로 내세우지 않고도 자신의 경험과 생각을 솔직하게 이야기하면, 그것만으로도 자신의 개성이 충분히 드러납니다.

채용되기 위해서 특별한 척하지 말고, 그 회사에 어떻게 이바지할 수 있을지, 어떤 가치관으로 일하고 싶은지를 진심으로 전하면 됩니다.

면접은 경쟁의 장처럼 보이지만, 실은 회사와 나의 궁합을 확인하는 자리입니다. 맞지 않는 경우도 물론 있습니다. 하지만 무리하게 눈에 띄려 하지 않고 자연스럽게 임하면, 그럴수록 오히려 개성 있는 사람으로 받아들여집니다.

특별해야 한다는 생각을 내려놓고, 억지로 차별화하려고 의식하지 말고, 있는 그대로의 자신을 보여주세요. 그것이야말로 평범함입니다.

남들과 같아지려고 하는 것이
오히려 문제

구직 활동을 할 때 특별해 보이려는 사람에게는 '남의 시선을 의식하는 마음'이 단단히 자리 잡고 있습니다. 이런 사람은 입사 후에도 정말로 필요한 순간에 자기 생각을 말하지 못합니다. 주위 사람들과 똑같이 행동해야 한다는 '동조 압력'을 느끼며 자신의 의견을 스스로 덮어버리는 것이지요.

고등학생 때 저는 수업 시간마다 질문을 했습니다. 그런데 수업이 끝날 무렵에 질문하면 친구들의 표정에서 불만의 기색이 느껴졌습니다. 쉬는 시간이 짧아지기 때문이었지요.

질문하는 이유는 모르는 부분이 있기 때문이고, 선생님이 그것에 정성껏 답해주는 것은 교육상 당연한 일입니다. 그런데도 저는 친구들의 눈빛 속에서 보이지 않는 압력을 느꼈습니다. '제

발 질문 좀 그만해!'

사회에 나와서도 상황은 다르지 않습니다. 상사의 판단이나 회사의 방침이 이상하다고 생각되어도, 아무도 문제를 제기하지 않으면 평온하게 마무리됩니다. 그 결과, 직원이 불이익을 당하거나, 회사가 이익을 보더라도 사회적으로는 해로운 결과를 낳는 일도 생깁니다. 윗사람이 부정을 저지르는 경우도 있겠지요. 실제로 일하다 보면 도저히 이해할 수 없는 일이 종종 일어납니다.

그럼에도 많은 사람이 모두와 다른 행동을 했다가 눈 밖에 나는 게 두렵다거나, 회사에서 괜한 주목을 받고 싶지 않다는 이유로 아무 말도 하지 않으려고 합니다. 내부 고발을 했다가 불이익을 당한 사례를 보면 목소리를 내는 일이 더욱 두렵게 느껴지겠지요.

눈에 띄지 않기 위해서는 아무것도 하지 않는 것에 그치지 말고, 때로는 모두와 똑같이 행동해야만 합니다. 예를 들어, 상사가 회식 같은 행사에 참석하라고 했을 때 자신만 빠지면 괜히 눈에 띌 것 같아 어쩔 수 없이 따르는 경우같이요.

침묵해서는 안 된다고 생각하면서두 동주 압력에 굴복하는 사람은, 그래도 자기 생각은 있습니다. 하지만 처음부터 '모두와 같은 선택을 해야지'라고 마음먹은 사람은 상사의 지시가 부당하다는 사실조차 느끼지 못할 수 있습니다. 마땅히 다른 의견을 내야 한다는 내적 갈등조차 겪지 않는 것이지요.

어릴 때부터 늘 좋은 성적을 받아온 사람이라면 남보다 눈에 띄는 일을 두려워하지 않을지도 모릅니다. 오히려 유능함을 내보이며 두각을 나타내려 할 수도 있겠지요. 하지만 그조차도 출세에 불리하다고 느껴지면 입을 닫아버리고 맙니다.

일본의 철학자 미키 기요시三木清는 이런 말을 했습니다.

부하를 다루는 가장 손쉬운 방법은 그들에게 출세 이데올로기를 불어넣는 것이다.

_미키 기요시의 《인생론 노트人生論ノート》

요즘 젊은 세대는 출세를 바라지 않는다고들 하지만, 역시나 생계가 걸려 있다면 괜한 문제를 일으켜 불이익을 받고 싶지 않겠지요. 따라서 상사는 자기 보신에 급급한 부하 직원을 손쉽게 제압합니다.

그렇지만 상사의 발언이 불합리하다면, 아무도 나서지 않더라도 침묵해서는 안 됩니다. 목소리를 내면 모두와 같은 위치에 머무를 수 없을지도 모릅니다. 하지만 동조 압력에 휘둘리지 않고 지금 나에게 필요한 행동이 무엇인지 '스스로' 판단하고 움직이는 일이야말로 우리 인생에서 훨씬 더 중요합니다.

누군가는
다른 의견을 말해야 한다

조직 전체를 놓고 보더라도 모두가 같은 생각과 행동만 하는 곳, 남과 다른 의견이 허용되지 않는 곳은 결코 발전할 수 없습니다. 새로운 발상이나 독창적인 성과가 나올 수 없기 때문입니다.

상사는 부하 직원을 이끌 책임이 있지만, 부하 직원이 상사의 말을 그대로 따르기만 해서는 성장할 수 없습니다. 아무리 유능한 상사라고 하더라도 언제나 옳을 수는 없기 때문입니다. 그렇기에 부하 직원도 생각이 다를 때는 질문하고, 필요한 의견은 직접 전해야 합니다. 아무리 오래된 관습이라도 시대의 사회의 변화에 맞게 고쳐야 할 게 있습니다. 제안이 받아들여지지 않을 수도 있습니다. 그렇다고 해서 아무도 의견을 내지 않으면 조직은 달라지지 않습니다.

‘직장 분위기 때문에 내 생각을 말하기가 어려워.’ 이렇게 생각하는 사람이 있다면, 이는 직장 분위기를 핑계로 둘러대는 것에 불과합니다. 중요한 것은 ‘누가 말했는가’가 아니라 ‘무엇을 말했는가’입니다. 의견을 낸 사람보다 그 내용이 옳은지를 살펴야 합니다.

한 사람이라도 의견을 내기 시작하면 조직의 공기는 달라집니다. 그러기 위해서는 발언이 어떻게 받아들여질지보다 의견을 올바르게 전달하는 데 집중해야 합니다. 발언의 내용이 제대로 검토되는 곳이라면 두려워할 필요가 없습니다.

발언을 비난하는 분위기라면 누구도 말을 하지 않게 됩니다. 비판이 아닌 검토의 자세로 발언 내용에 관해 함께 이야기할 수 있는 장이 마련되어야 비로소 활발하게 의견 교환이 이루어집니다.

누군가 발언하면 그 내용에 집중하면 됩니다. 동의하지 않으면 차분히 자기 생각을 말하면 됩니다. ‘누가 말했는가’에 신경 쓰기 시작하는 순간, 반대 의견을 내기가 어려워집니다.

그렇다면 어떻게 해야 할까요? 상사에게 반론할 때는 상사 ‘개인’이 아니라 그 ‘발언’에 대한 의견을 제시하고 있음을 분명히 해야 합니다.

먼저 찬반을 밝히고, 그 이유를 구체적으로 설명합니다. “이상의 이유로 저는 반대/찬성 합니다. 여러분은 어떻게 생각하시나요?" 논의를 확장하고 싶다면 이처럼 발언자 한 사람에게만 답하지 말고 모두에게 질문을 던지는 편이 좋습니다.

다음으로, 자신이 특별하다거나 뛰어나다는 인정을 받기 위한 마음으로 발언해서는 안 됩니다. 그런 마음은 결국 '누가 말했는가'에 신경을 쓰게 만들기 때문입니다. **자신이 어떻게 보일지를 고민하기보다 자신이 속한 조직을 넘어 더 넓은 공동체를 향해 무엇이 옳은가를 생각해야 합니다.** 속한 조직이 이익을 얻더라도 그것이 지역사회나 국가, 더 나아가 세계에 해가 되는 일이라면 과연 옳은 것인지를 물어야 합니다.

이견이 있어도 침묵하고, 말해야 할 때조차 아무 말도 하지 않는다면, 그 조직은 결국 닫힌 공동체가 되고 맙니다. 모두와 똑같아지지 않기 위해 특별해질 필요는 없습니다. 필요한 것은 자기 생각을 말할 용기입니다.

모두와 같아지려는 사람도, 남과 달리 특별해지려는 사람도 결국 자기 자신에게만 관심이 있습니다. 즉 '다른 사람이 자신을 어떻게 볼까'에만 신경 쓰는 것이지요. 그러나 중요한 것은 타인의 평가가 아니라, 타인에게 관심을 기울이는 일입니다.

해야 할 말을 하면 다른 사람에게 좋지 않게 보일 수도 있습니다. 그렇더라도 자기 생각을 말하고 잘못된 일을 바로잡는 것이 다른 사람에게 도움이 된다고 생각합니다.

특별해지려고 애쓰지 않아도 훌륭한 일을 하면 인정받습니다.
물론 시대를 너무 앞서가면 당장은 인정받지 못할 수도 있겠지요. 하지만 다른 사람의 인정을 목표로 삼는 한, 그 일은 결코 좋은 일이 될 수 없습니다.

묵묵히 자신의 일을 하는
사람이 빛난다

'남들과 똑같은 건 싫다. 보다 뛰어나고 싶다.' 이런 마음을 가진 사람은 대개 어릴 때부터 경쟁하며 살아왔기에 경쟁 없는 삶을 상상조차 하지 못합니다. 늘 이겨야 한다는 압박 속에서 긴장하며 살아갑니다.

모두와 다르고 싶어 하는 마음은 이해합니다. 앞서 말했던 대로 모두와 같아서는 안 될 때도 있습니다. 하지만 모두와 다르다는 것이 반드시 특별하다는 의미는 아닙니다.

자신이 다른 사람과 다르다거나 특별하다는 것을 굳이 강조할 필요는 없습니다. 물론 일하는 데 있어 능력을 갖추는 것은 중요하며, 회사도 이런 사람을 채용하겠지요. 그렇지만 눈에 띈다고 해서 반드시 유능한 것은 아닙니다.

아들러는 "사람은 자신에게 가치가 있다고 생각될 때에만 용기를 낼 수 있다"고 말했습니다(《아들러가 말하다》). 일에서도 마찬가지입니다. 자신이 유능하다고 믿는 사람만이 용기를 가지고 일에 임할 수 있습니다.

유능해지기 위해서는 필요한 지식과 기술을 익혀야 합니다. 중요한 것은 진짜로 잘하는 능력이지, 모두와 다르고자 특별함을 내보이며 유능해 보이려고 하는 것은 의미가 없습니다.

예전에 한 여행사에서 강연을 한 적이 있습니다. 공교롭게도 그날은 그 회사의 면접 날이었습니다. 많은 젊은이가 대기 중이었고, 그중 한 지원자가 아시아 전통 의상을 입고 있었습니다. 대부분 정장을 입고 있는 터라 그 모습은 단연 눈에 띄었습니다.

그 모습을 본 여행사 직원이 "저런 사람은 절대 합격 못 하죠"라고 말했던 기억이 아직도 납니다. 그 말을 듣고 저는 '회사 입장에서는 자신이 특별하다고 강조하는 사람보다 맡은 일을 묵묵히 해내는 사람이 더 필요한가 보다'라고 생각했습니다. 하지만 나중에 다시 생각해 보니 그런 뜻이 아니라, 모두와 다른 것에 중점을 두는 사람의 나약함과 그런 행위의 무의미함을 간파한 발언이었습니다.

면접에서 기발한 행동을 하는 사람은 드뭅니다. 설령 그런 행동을 했을지라도 그 사람이 실제로 좋은 성과를 낼지는 알 수 없습니다. 일할 때 자신이 특별해야 한다고 믿는 사람 역시 이와 같습니다. 특별한 옷차림으로 면접을 보는 것과도 같지요. 일할 때 좋은 성과를 내야 하지만, **좋은 성과를 내기 위해서는 그냥 노력하면 되는 것이지, 다른 사람의 인정을 받으려고 애쓸 필요는 없습니다.**

여기서 말하는 '좋은 성과'란 단순히 숫자로 보이는 결과만을 뜻하지 않습니다. 수치로 나타나지 않아도 분명히 의미 있는 성과를 내는 사람들이 있습니다. 다만 그에 걸맞은 평가를 아직 받지 못하고 있을 뿐이지요.

누구의 삶을
살 것인가

제가 여기서 말하는 '평범'은 모두와 똑같이 생각하고 행동한다는 뜻이 아닙니다. 오히려 그렇게 살아서는 안 되는 이유를 이번 장에서 살펴보았습니다.

'이 인생을 어떻게 살 것인가.' 이런 고민에 대해서도 모두와 같을 필요 없습니다. 오히려 그래서는 안 됩니다. 그런데 많은 사람이 모두와 비슷한 인생을 살고자 합니다. 어떤 인생을 살지 깊이 생각해 본 적이 없기 때문입니다.

그렇게 된 데에는 부모의 영향이 큽니다. 많은 부모가 자녀가 특별한 사람이 되기를 바라며 어릴 때부터 공부를 시킵니다. 부모의 높은 이상을 강요받은 아이는 그 기대에 부응하려고 열심히 노력하지만, 그런 삶은 겉으론 특별해 보여도 실상은 다른 사람들의 삶과 별반 다르지 않습니다.

그렇게 아이는 부모의 영향으로 부모가 기대하는 삶을 살고자 합니다. 하지만 이 또한 본인이 선택한 것입니다. 자기 인생이지만 부모의 인생을 살게 되는 셈이지요.

부모의 영향을 받지 않았더라도 주변 사람들의 삶을 보고 그대로 따라가려고 하는 사람 역시 자신의 인생을 살 수 없습니다. '자기 인생을 살지 않는 사람은 없다'라고 생각하겠지만, 그런 사람도 있습니다. 간단히 말해, 자기 인생인데도 본인이 책임지고 싶지 않은 것이지요.

이런 사람들은 부모가 원하는 길이나 모두와 같은 삶을 사는 것을 선택하고, 일이 잘 풀리지 않았을 경우 자기 책임이 아니라고 생각합니다. 물론 그렇게 되더라도 그 누구도 대신 책임져 주지는 않습니다. 그저 어떤 인생을 살지 스스로 판단하고 선택할 용기가 없는 것이지요.

특별해야 한다는 것 또한 자기 스스로 내린 결정이 아닙니다. 부모나 주변의 기대 때문에 그래야만 한다고 믿게 된 것입니다.

그렇다면 어떻게 해야 이런 생각에서 벗어나 평범할 용기, 있는 그대로의 자신을 받아들이는 용기를 얻을 수 있을까요? 다음 장에서 열등감과 그 열등감을 극복하는 방법에 초점을 맞춰 살펴보겠습니다.

비고 해방

황금 티켓 증후군에서 자유로워지는
아들러의 인생 수업

4장

인정, 기대, 불안에서 자유로워지는 법

겉으로 보이는
인과관계에 속지 마라

직장에서 동료나 후배가 자신보다 더 좋은 성과를 냈을 때, '내가 더 학력이 좋으니 내가 더 잘할 거라고 생각했는데, 아니네'라거나 '내가 특별한 줄 알았는데 의외로 평범할지도 몰라'라고 인정하면서도 이러한 상황을 받아들이기 힘든 사람도 있을 겁니다.

학력에 집착하는 사람도 아들러가 말한 '지나치게 긴장하는 사람'에 속하는데, 자신이 진정 유능하다고 믿지 못하기 때문입니다. 이를 '열등감'이라고 하면 거부감을 느낄지 모르겠지만, 열등감은 일할 때 일종의 브레이크처럼 작용합니다. 그 브레이크를 없앨 수 있다면 지금보다 훨씬 좋은 결과를 낼 수 있습니다.

아들러는《아들러 삶의 의미》에서 '겉보기 인과율'이란 표현을 썼습니다. 이는 표면적으로만 그렇게 보일 뿐 실제로는 인과 관계가 없는 것을 뜻하는 말로, 결과에 원인을 억지로 꿰어맞추려는 심리를 가리킵니다. 예를 들어, 좋은 성과를 냈을 때는 타고난 재능이 있어서, 반대로 성과를 내지 못했을 때는 운이 없어서 등 그 원인을 실제 사건과는 관련 없는 데서 찾으려는 것입니다.

학력과 능력은
비례하지 않는다

　학력은 능력을 보여주는 하나의 지표일 수는 있습니다. 그렇지만 학력이 좋으면 능력도 좋다고 믿는 것은 아들러가 말한 '겉보기 인과율'에 해당합니다.

　이렇게 생각하는 사람은 어릴 때부터 '명문대에 들어가야 성공한다'는 말을 마음에 새기고 입시에 매달립니다. 명문대에 합격하면 자신의 유능함을 인정받을 수 있다고 믿기 때문입니다.

　아이 스스로 명문 사립학교에 진학하기로 결정하는 경우는 드뭅니다. 대부분은 부모가 "성공하기 위해서는 명문대에 가야 하고, 그러려면 명문 사립학교에 들어가야 해"라고 권하기 때문입니다. 이렇게 부모의 기대에 따라 공부하고 대학에 들어간 사람은 학력이 곧 자신의 유능함을 증명하는 것이라고 믿게 됩니다.

물론 학력은 노력의 결과를 보여주는 하나의 척도입니다. 그렇다고 해서 좋은 대학을 나왔다는 사실과 실제 능력 사이에 인과관계가 있다고 할 수는 없습니다. '그래도 학력은 노력과 능력의 관계를 보여주는 증거 아닐까?' 이렇게 생각할 수도 있겠지만, 명문대에 합격했다는 것은 어디까지나 '과거'에 노력했다는 것을 보여줄 따름입니다.

학력이 고등학교나 대학교 졸업 당시의 실력을 보여주는 지표일 수는 있습니다. 하지만 그 이후에도 꾸준히 배우고 성장하고 있는지는 알 수 없습니다. 학력은 한 시점의 성취를 보여줄 뿐 현재의 능력을 보증하지는 않습니다.

어려운 시험에 합격했다는 사실이 유능함의 증거가 될 수 있는지 의문입니다. 시험은 객관적으로 능력을 평가하기 위한 제도이지만, 좋은 점수를 얻지 못했다고 해서 능력이 부족하다고 단정할 수는 없습니다. 반대로 좋은 성적을 거두었다고 해서 반드시 유능하다고 볼 수도 없고요. 한 번의 시험으로 능력을 평가하기란 어렵습니다. 아무리 능력 있는 사람일지라도 모든 시험에서 매번 좋은 점수를 받을 수는 없는 법입니다.

학력과 능력 사이에 인과관계가 있다고 믿는 사람에게도 그럴 만한 이유가 있습니다. 원하는 결과를 얻지 못했을 때, 그 원인을 이미 바꿀 수 없는 과거의 상황 탓으로 돌리고 싶기 때문입니다. "더 좋은 대학을 나왔다면 좋은 성과를 냈을 텐데." 그러면 지금의 한계를 자신의 책임이 아니라 과거의 사건 때문이라고 미룰 수 있고, 여전히 할 수 있다는 가능성 속에 머물 수 있으니까요.

"좋은 대학을 나왔으니 유능한 건 사실이야. 이번 실패는 단순히 실수일 뿐이라고." "이번엔 운이 나빴던 거지." 좋은 결과가 나오지 않았을 때 이런 식으로 눈앞의 현실을 인정하지 않는 사람도 있습니다. 하지만 학력과 능력 사이에 인과관계가 있는 듯 보이는 것은 어디까지나 겉으로만 그럴 뿐 실제로는 아무런 근거가 없습니다. 그건 착각에 지나지 않습니다.

학력은
그저 하나의 속성일 뿐

학력은 '속성'에 불과합니다. 속성이란, 이를테면 "그 사람 똑똑해"라고 말할 때의 '똑똑함' 같은 것입니다. 이는 어디까지나 사람에게 붙는 성질일 뿐 그 사람 자체를 의미하지는 않습니다. 우리가 모자를 쓰거나 벗거나, 혹은 다른 모자를 쓴다고 해서 다른 사람이 되지는 않듯이, 어떤 대학을 나왔느냐는 단지 그 사람이 가진 여러 속성 중 하나에 불과합니다.

이러한 속성은 누구에게나 공통적으로 나타날 수 있습니다. 세상에는 같은 속성을 지닌 사람이 얼마든지 있지요. '개성'은 다릅니다. 자신의 고유한 삶의 방식을 만들어내는 개성은 속성으로는 다 설명할 수 없습니다. 그럼에도 학력이라는 속성에 자신을 끼워 맞추려 하는 것은 곧 스스로 개성을 없애는 것과 다름

없습니다. 이는 마치 취업을 준비하는 젊은이가 회사가 제시한 인재상에 자신을 억지로 끼워 맞추는 것과도 같습니다.

게다가 졸업한 대학의 명성을 빌려 "나는 S대를 나왔습니다" 라며, 그 틀 안에 자신을 가두는 사람도 있습니다. 왜 그러는 걸까요? 자신감이 없기 때문입니다. 자신은 학력이라는 속성으로만 인정받을 수 있다고 믿기 때문입니다.

처음 만난 자리에서 이력서를 읊듯 자기소개를 하는 사람이 있습니다. 그런 모습을 볼 때면 이렇게 말해주고 싶더군요.

"내가 알고 싶은 것은 당신의 학력이나 경력이 아닙니다."

그런 사람은 학력이나 경력을 앞세워 상대의 감탄을 기대하겠지만, 저같이 별 관심 없는 사람을 만나면 낙담할지도 모르겠네요. 또 국내에서나 통하지, 해외에서는 그 사람이 졸업한 대학을 전혀 모를 수도 있을 테고요.

누구라도
무엇이든 할 수 있다

학력과 능력 사이에는 뚜렷한 인과관계가 없다고 생각하는 것이 좋습니다. 그래야 일이 잘 풀리지 않았을 때도 '내가 더 노력해야 했구나' 하고 받아들이고, 그런 마음으로 다시 도전할 수 있습니다. 반대로 '유능해야만' 혹은 '고학력자여야만' 좋은 결과를 낼 수 있다고 믿는다면 애초에 노력할 마음조차 생기지 않겠지요.

다시 말하지만 아들러는《삶의 과학》에서 "누구나 무엇이든 이룰 수 있다"라고 말했습니다. 당시에는 "유전적인 요인을 무시한 주장이 아니냐" 하는 비판이 뒤따랐지만, 그는《알프레드 아들러, 교육을 말하다》에서 이렇게 단언합니다.

아들러가 말하고자 한 것은 단순합니다. 능력이 없는 것도 아니고, 과제가 그리 어렵지 않은데도 처음부터 도전하지 않기로 마음먹은 아이들이 많다는 점입니다.

아들러 주장의 핵심은 이런 겁니다. "처음부터 할 수 없다고 단정하면 그것이 평생 고정관념이 되어버리지만, 그런 생각을 버리면 누구라도 무엇이든 할 수 있다." '할 수 없다'는 생각이야말로 도전의 순간마다 우리를 멈추게 하는 브레이크가 됩니다.

이 격률은 유능한 사람뿐만 아니라 '누구라도 노력하면 무엇이든 성취할 수 있다'는 의미에서 매우 민주적이라고 할 수 있습니다. 따라서 자신이 유능하고 특별하다고 여기고 싶은 사람일수록 이런 원칙을 자신의 우월감을 흔드는 위협으로 느껴 쉽게 받아들이지 못할 겁니다.

아들러의 딸이자 정신과 의사였던 알렉산드라 아들러와 관련된 일화가 있습니다. 수학을 잘하지 못했던 그녀가 시험을 치르지 않고 집으로 돌아온 적이 있었습니다. 아들러는 딸에게 이렇게 말했습니다.

"왜 그랬니? 정말로 누구나 할 수 있는 이런 작은 일조차 할 수 없다고 생각한 거야? 하려고 마음만 먹으면 얼마든지 할 수 있는 일이란다."

이 말을 들은 알렉산드라는 얼마 안 되는 기간 안에 수학 시험에서 1등을 차지했습니다(아들러의 일화를 엮은 《우리가 기억하는 알프레드 아들러 Alfred Adler: As We Remember Him》).

물론 시험에서 꼭 1등을 해야 하는 것은 아닙니다. 하지만 조금이라도 공부하면, 처음에는 도저히 풀 수 없을 것 같던 문제도 어느새 풀 수 있게 마련입니다.

알렉산드라는 수학을 못해서 시험을 보지 않았던 게 아닙니다. 시험을 치르지 않으면 평가받지 않아도 된다고 생각했던 것이지요.

시험을 치르지 않으면 0점을 받을 수밖에 없습니다. 그녀는 그 사실을 알면서도 시험을 치러서 낮은 점수를 받느니 '시험을 봤더라면 좋은 점수가 나왔을 거야'라고 자신을 위로하고 싶었던 겁니다.

결과를 내지 않으려고 일부러 시험을 치르지 않는 사람, 혹은 "시험을 봤더라면 좋은 점수를 받았을 텐데", "조금만 더 노력했더라면 해낼 수 있었는데"라고 말하는 사람은 현실이 아니라 가능성 속에서 살고 있는 것입니다.

물론 무엇이든 이룰 수 있다고 단정할 수는 없습니다. 아무리 애를 써도 할 수 없는 일이 있다고 여기는 사람도 있을 겁니다. 하지만 **어차피 안 될 거라며 시도조차 하지 않고 스스로 제동을 걸고 있지는 않습니까?**

노력하면 좋은 결과를 낼 수 있습니다. 그런데 원하는 결과를 얻지 못할 수도 있다는 생각에 시도하기도 전에, 충분히 노력하기도 전에 주저앉는 사람이 있습니다. 하지만 처음부터 좋은 결과를 내지 못한다고 해도 노력을 꾸준히 거듭해 나간다면 실력은 쌓입니다. 입시 공부에 몰두했던 때처럼 진심으로 임한다면, 대부분의 일은 충분히 해낼 수 있을 겁니다.

도전에 제동을 거는
열등감을 떨쳐내라

자신이 특별하다고 믿어온 사람은 지금까지 학업 성적이 좋았고, 일에서도 어느 정도 성공을 거둬왔을 겁니다. 따라서 한 번도 주저하거나 멈춰 선 적이 없다고 느낄지도 모릅니다.

그런데 '앞으로도 계속 좋은 결과를 낼 수 있을까' 하는 불안이 엄습하거나 '나는 어쩌면 특별한 사람이 아닐지도 몰라' 하는 생각이 드는 순간, 그때부터 마음속에 브레이크가 걸립니다.

특별해지려는 사람은 지나칠 정도로 노력합니다. 하지만 마음 한편에는 늘 열등감이 자리하고 있습니다. 이런 열등감은 일을 할 때 제동을 거는 장애물이 됩니다. 노력하면서도 열등감을 품는다는 것은, 마치 차를 운전할 때 액셀과 브레이크를 동시에

밟는 것과도 같습니다.

우리는 살면서 피할 수 없는 과제를 맞닥뜨립니다. 그중 하나가 '일'입니다. 학생에게는 '공부'가 되겠지요. 다시 아들러의 말을 꺼내보겠습니다.

사람은 자신에게 가치가 있다고 생각될 때에만 용기를 낼 수 있다.

공부하거나 일하는 것에 왜 용기가 필요할까요? 반드시 결과가 따르고, 그에 대한 평가도 뒤따르기 때문입니다. 그 결과가 기대에 미치지 못하더라도 '나는 가치 있는 사람이야'라고 믿는 사람은 계속해서 과제에 몰두할 수 있습니다.

반대로 낮은 평가를 받을까 두려워 주저하는 사람도 있습니다. 아들러는 그런 사람에 대해 이렇게 말했습니다.

자신의 힘을 시험해 보려고 해도 마치 심연 앞에 서 있는 것처럼 느껴져 충격 작용, 곧 자신에게 가치가 없다는 사실이 드러날지도 모른다는 두려움에 뒷걸음질하기 시작한다.

_《아들러 삶의 의미》

어떤 일도 쉽게 성취할 수는 없습니다. 큰일을 이루려면 반드시 노력이 필요합니다. 그렇지만 도중에 물러나는 이유는 꼭 그 일이 어렵기 때문만은 아닙니다. 심연 앞에 서서 '동요'하는 진짜 이유는 '내게 가치가 없다는 사실이 드러날지도 몰라' 하는 불안 때문입니다.

자신이 능력 없다고 생각하는 사람, 혹은 지금까지는 유능했지만 사실은 아닐지도 모른다는 불안에 흔들리는 사람은 결과로 평가받는 일을 두려워합니다. 따라서 어떤 일에 뛰어들거나 적극적으로 임하지 못합니다.

자신이 유능하다는 확신이 흔들려도 여전히 '나는 뛰어난 사람일 거야'라고 믿고 싶은 사람은 일에 전력을 다하지 않을 나름의 이유를 찾습니다. '좋은 결과를 내지 못하면 어쩌지?' '나는 능력이 없는 게 아닐까?' 이런 생각이 바로 열등감입니다. 열등감은 전력을 다하지 않아도 된다는 핑계가 되어 '과제에 맞서지 않으면 유능하지 않다는 현실을 마주하지 않아도 된다'는 자기방어 기제로 작용합니다.

실제로는 능력이 없어서 일을 시작하지 못하는 게 아닙니다. 능력 없는 것은 열등inferiority이지만, 열등감inferiority feeling은 단지 스스로 뒤처지고 있다고 느끼는 감각일 뿐 실제로 열등한 것은 아닙니다. 어떤 일에 임하면 결과가 나오지만, 그렇지 않으면 어떤 결과도 나오지 않습니다. 그런데 임하지 않으려면 이유가 필요합니다. 바로 이때 열등감이 그 핑계로 등장하는 것이지요.

아이가 처음부터 자신이 공부를 못한다고 생각하는 건 아닙니다. 그러나 부모나 교사가 성적이 좋지 않다고 반복해서 말하면, 아이는 점차 '나는 공부를 못해'라는 생각을 굳히게 되고, 결국은 과제에 도전하지 않으려고 합니다.

스스로 유능하다고 여겼던 사람도 마찬가지입니다. 한 번의 실패를 이유로 '앞으로도 계속 못할 거야'라며 도전을 멈춥니다. 지금까지 누구에게도 못한다는 말을 들어본 적이 없었다면, 처음 겪는 실패는 스스로 제동을 걸 만큼 큰 충격으로 다가오지요.

아들러는 열등감을 약점으로 여겨 그것을 감추려는 사람이 많다고 말했습니다. 열등감을 창피한 것이나 결함으로 생각하기 때문에 숨기려는 경향이 강하다는 것이지요. 하지만 열등감을 달리 본다면 자기 능력에 대한 견해도 달라질 수 있습니다.

스스로 만들어낸
불안에서 벗어나라

업무에서 성과를 내지 않기 위해 열등감을 만들어내는 사람이 있습니다. 이는 자기 능력에 대한 불안에서 비롯되지만, 결과가 두려워 과제에 손대지 않는 이유가 이뿐만은 아닙니다.

자신보다 뛰어난 사람이 있어 도저히 이길 수 없다고 단정 짓고 아예 시도조차 하지 않는 사람도 있습니다. 경쟁자가 당장 눈앞에 없더라도, 언젠가 그런 사람이 나타날지 모른다는 막연한 불안감 때문에 과제에 소극적으로 임하기도 하지요. 단순히 자신감이 부족해서가 아니라, 자신보다 뛰어난 사람을 핑계 삼아 과제를 회피하려는 태도를 스스로 정당화하는 것입니다.

이제까지 자신이 유능하다고 믿어온 사람일지라도 '나는 평범할지도 몰라. 지금까지의 성과를 유지해야 하는데…'라는 생각이 들기 시작하면 불안해집니다. 그 불안이 바로 마음속 브레이크가 됩니다. 중요한 것은 자신보다 유능한 경쟁자가 실제로 나타나느냐 아니냐가 아닙니다. '도저히 이길 수 없는 상대가 있다'는 생각만으로도 과제에서 물러날 핑계를 만들 수 있다는 점이지요.

경쟁자의 존재로 불안해지는 것이 아닙니다. 직면한 과제를 해내기 위해 노력해야 한다는 사실, 바로 그 노력을 피하고 싶은 마음이 불안을 만들어내는 것입니다.

예전의 나와
그만 비교해라

불안해지는 원인이 또 있습니다. 젊은 사람들은 아직 잘 모르겠지만, 나이가 들면 기억력이나 집중력이 예전 같지 않다고 느껴집니다. 지금은 일을 하고 있지만, 언제까지 이 일을 할 수 있을까 하는 불안이 스며듭니다. 젊었을 때는 새로운 것을 배우는데 문제없었는데, 이제는 예전만큼 머리가 안 돌아간다고 느껴지기도 합니다.

하지만 예전만큼 성과를 내지 못하는 이유를 기억력이나 집중력, 체력 저하 탓으로만 돌리는 것은 100퍼센드 완벽한 이유가 못 됩니다. 입시 공부를 할 때처럼 진지하게 임한다면 여전히 좋은 결과를 낼 수 있기 때문입니다. 결국 이런 핑계로 시작조차 하지 않으려 하기에 노력하지 않는 것일 뿐입니다.

뚜렷하게 능력이 떨어졌다고 느껴지지 않더라도, 예전의 자신과 지금의 자신을 비교하며 '이제는 예전같이 못하겠다'라고 생각하는 사람도 있습니다. 그러면서 새로운 일에 도전하기보다는 멈춰서려 하고, 스스로 제동을 걸어버립니다. 그렇게 하면 불만족스러운 결과를 피하면서도 여전히 자신을 유능한 사람으로 여길 수 있기 때문입니다.

실제로 만족스럽지 못한 성과를 내게 될지는 아무도 모릅니다. 그럼에도 과제에 직면하지 않으려는 사람은 열등감이나 경쟁자의 존재를 핑계 삼듯이, 과거의 자신과 지금의 자신을 비교하며 예전만큼 좋은 결과를 낼 수 없다고 정당화합니다.

젊은 시절에 성공한 경험이 많은 사람은 종종 그때의 영광에 머무르려 합니다. "그 베스트셀러 내가 편집했어." "그 신상품 기획은 내 아이디어였다고." 하지만 그것은 어디까지나 과거의 일일 뿐입니다.

저는 다음 단계로 넘어가야 한다고 생각하지만, 예전만큼 노력하더라도 그 이상의 일을 해내지 못할 것 같은 두려움에 능력이 떨어졌다는 핑계를 내세우며 도망치고 있는 겁니다.

열등감은 필요 없다

아들러는 누구나 어느 정도의 열등감을 가지고 있다고 보았습니다. 하지만 인생의 과제 앞에서 그 열등감을 핑계 삼아 멈추어서는 안 됩니다. 애초에 열등감은 꼭 필요한 것도 아닙니다.

아들러는 두 가지 유형의 열등감이 있다고 말했습니다. 하나는 유용하지 않은 열등감, 또 하나는 유용한 열등감입니다.

먼저 '유용하지 않은 열등감'에 대해 설명하겠습니다. 이는 타인과 자신을 비교할 때 생깁니다.

아들러는 열등감과 함께 '우월성 추구'라는 개념을 제시했습니다. 이는 더 나은 자신이 되고자 노력하는 마음을 뜻합니다. 그러나 경쟁에서 이기고 다른 사람에게 인정받고자 하는 형태의 우월성 추구는 '야심'으로 변질됩니다. 아들러는 이를 '개인적 우월성 추구individual striving toward superiority'라고 일컬었습니다.

이런 사람은 자신이 하는 일이 타인을 위한 것이라고 말하지만, 실제로는 '뛰어난 사람으로 인정받고 싶다'는 욕망에 사로잡혀 할 때가 많습니다. 결국 관심의 방향이 다른 사람이 아니라 자기 자신에게만 향해 있는 것이지요.

다른 사람과 경쟁해 이겨야만 우월감을 느끼는 사람은 승리를 거둔 후에도 '언젠가는 질지도 모른다'는 두려움을 안고 살아갑니다. 따라서 마음이 편할 수 없습니다.

이처럼 개인적 우월성을 추구하는 사람은 자신의 우위가 사라질까 봐 늘 불안해합니다. 우월감이란 실제로 뛰어나다는 뜻이 아니라, 단지 그렇게 느끼는 감각에 지나지 않습니다. 결국 **타인과의 경쟁을 통해서만 얻어지는 우월감은 형태만 다를 뿐 또 다른 열등감에 불과합니다.**

오늘날, 공부든 일이든 경쟁은 당연한 것처럼 여겨집니다. 하지만 경쟁에서 지면 열등감을 느끼고, 설령 이긴다 하더라도 '언제까지나 계속 이길 수는 없어'라는 생각에 사로잡혀 늘 긴장하며 살게 되지요. 경쟁이 가진 문제와 경쟁을 대신할 다른 관계의 방식에 대해서는 뒤에서 다시 살펴보겠습니다.

이제 '유용한 열등감'에 대해 설명하겠습니다. 아들러는《사람은 왜 신경증에 걸릴까Problems of Neurosis》에서 "열등감에서 우월감으로 흘러가는 정신생활 전체는 무의식적으로 일어난다"라고 말했습니다. 그는 열등감을 인생의 과제에서 도망치는 핑계로 삼지 않고, 그 감각을 발판 삼아 우월감으로 나아갈 수 있다면 그것은 '유용한 열등감'이 된다고 설명했습니다.

아들러는 말합니다.

열등감을 가진 사람이 그 감각을 병처럼 느낄 수는 있겠지만, 우월성을 추구하는 태도를 병으로 여기는 사람은 거의 없을 겁니다. 본인이 그렇게 판단해서가 아니라, 지나치게 뛰어나려고 하는 것을 본 주변 사람들이 그렇게 평가하는 탓입니다.

아들러는 이 지점에서 우월성 추구와 열등감을 노력하고 성장하는 데 자극이 되는 건강한 것과 그렇지 않은 것으로 구분했습니다 비록 열등감을 느끼더라도, 그것을 극복하는 방향으로 나아간다면 건강한 것으로 봐야 한다고 아들러는 말했습니다.

저는 쉰 살에 심근경색으로 쓰러져 입원한 적이 있습니다. 요즘은 조기이상(早期離床, 조기 퇴원)이라고 해서 병을 치료하는 동시에 가능한 한 빨리 재활을 시작하는데, 저도 그랬습니다. 심장 재활이라는 프로그램에 따라 조금씩 걷는 거리를 늘려가는 방식이었습니다. 처음에는 병실 밖으로 나가지는 않고, 침대에서 몸을 일으키는 것부터 시작했습니다. 마음대로 걷지는 못했지만, 날이 갈수록 걸을 수 있는 거리가 조금씩 늘어났습니다.

걷지 못하는 상태에서 걷고 싶다는 마음으로 재활에 힘쓴 것은 아들러가 말한 건강한 우월성 추구라고 할 수 있습니다.

하지만 저는 걸을 수 없다는 것에 열등감을 느끼지도 않았고, 열등감을 극복하기 위해 재활에 매진한 것도 아닙니다. 물론 먼 거리를 걸을 수는 없었습니다만, 그건 단지 병 때문에 그랬던 것뿐입니다. 병으로 인한 제 상태에서 벗어나기 위해 노력했을 뿐, 아들러가 말한 것처럼 열등감을 극복하기 위해 우월성을 추구한 것은 아니었습니다.

병에 걸리면 누구나 치료나 재활을 통해 원래의 건강한 모습으로 돌아가려고 합니다. 그 과정에서 굳이 다른 사람과 비교해 자신이 뒤처졌다고 느낄 필요는 없습니다. 게다가 남보다 더 잘 걷기 위해 재활에 힘쓰는 것도 아니지요.

나이가 들면서 젊지 않다는 이유로 열등감을 느끼는 사람이 있습니다. 그렇다고 해서 나이 든 모든 사람이 그런 것은 아닙니다. 나이를 먹으면 할 수 없는 일이 늘어나는 것은 사실입니다.

다만 그런 기준으로 본다면 갓 태어난 아기는 어떻습니까? 신생아는 아무것도 할 수 없습니다. 그렇다고 아기가 열등감을 느끼지는 않지요. 아기가 조금 더 자라 어른과 자신을 비교하게 되면, 그때부터 열등감이란 감각을 배우기 시작합니다.

어떤 사람은 모르는 것이 있다는 이유로 열등감을 느끼기도 합니다. 그럴 필요 없습니다. 모른다는 것은 걷지 못하는 것과 마찬가지로, 단지 '모르는 상태'일 뿐이지 '열등한 상태'가 아닙니다. 어린아이가 모르는 것이 많다고 해서 그 아이를 열등하다고 여기지는 않듯이요. 어른이라고 해서 모든 것을 알 수 있는 것도 아니고, 모른다고 해서 열등한 것도 아닙니다. 배움을 이어가기만 하면 지식은 언제든 쌓입니다.

제가 말하고 싶은 것은, **열등감이 없어도 건전한 노력은 충분히 가능하다**는 점입니다. 노력에는 열등감이나 다른 사람보다 우월해지고 싶다는 욕망이 꼭 필요하지 않습니다. 모르는 것이 있다면 배우면 되고, 성적이 좋지 않다면 다음에는 더 나은 성적을 얻기 위해 공부하면 됩니다. 이것이 바로 유용한 의미의 우월성 추구입니다. 여기에 굳이 열등감을 끌어다 붙일 필요는 없습니다

모르는 것을 알고자 하는 것은 인간의 근원적인 욕구입니다. 지식을 쌓는 일도, 재활을 통해 다시 걷고자 하는 노력도 '열등감을 극복해야 한다'는 이유에서 비롯된 것이 아닙니다.

아들러 역시 "열등감이 있기 때문에 우월성을 추구한다"라는 말은 적절치 않다고 보았습니다. 이런 말은 열등감이 곧 우월성 추구의 원인으로 오해될 수 있기 때문입니다. 따라서 아들러는 이후 열등감이라는 개념을 예전만큼 자주 언급하지 않게 되었습니다.

삶은
진화가 아니다

우월성 추구도 다른 사람과의 비교나 경쟁, 우열의 문제와 연결될 필요가 없습니다. **중요한 것은 '스스로 얼마나 노력하는가'입니다. 내가 하는 일과 타인이 하는 일은 별개의 것이며, 이 둘을 비교하는 것은 아무 의미도 없습니다.**

그렇다면 우리는 왜 우월성 추구를 곧잘 우열의 문제로 착각하는 걸까요? 사실 아들러의 표현은 그렇게 오해할 여지가 있긴 합니다. 아들러는 이렇게 말했습니다.

모든 사람에게 동기를 부여하고 우리 문화에 공헌하게 하는 근원은 우월성 추구다. 인간의 삶 전체는 이 활동의 굵은 선을 따라, 즉 아래에서 위로, 마이너스에서 플러스로, 패배에서 승리로

_《다시 일어서는 용기》

이 말을 곧이곧대로 해석하면, 인간의 삶이 '아래, 마이너스, 패배'의 상태에서 '위, 플러스, 승리'로 옮겨가는 과정처럼 보입니다. 그렇게 이해한다면 우월성 추구가 열등한 상태에서 비롯되는 것처럼 느껴질 수도 있습니다.

그렇지만 앞서 말했던 대로 모른다는 것은 마이너스가 아닙니다. 병에 걸린 것도 패배한 것이 아니지요.

다른 사람과 비교하지 않더라도, 이상적인 자기 모습과 지금의 자신을 견주다 보면 스스로를 '아래, 마이너스, 패배'의 상태에 두게 됩니다. 다시 말하지만, 모른다고 해서 혹은 스스로 걷지 못한다고 해서 열등감을 가질 필요는 없습니다. 공부하면 모르는 상태에서 아는 상태로 나아가게 되고, 재활을 하면 걸을 수 없는 상태에서 걸을 수 있는 상태가 되기 때문입니다.

아들러가 사용한 '위와 아래'라는 표현 때문에 자칫 우열의 문제로 생각할 수 있는 만큼, '위와 아래'가 아닌 '앞과 뒤'로 바꾸어 생각해 보겠습니다. 우리는 각자의 출발점에서 자신만의 목표를 향해 평평한 지면을 걸어가는 존재입니다. 누군가는 앞서 걷고, 누군가는 뒤에서 걷습니다. 어떤 이는 빠르게 걷고, 어떤 이는 천천히 걷습니다. 이러면 우열을 따질 필요가 없지요.

하지만 이렇게 보더라도 여전히 앞서 나가는 것이 더 우월하다고 받아들여질 여지가 있습니다. 아들러는 인생이란 목표를 향한 움직임이며, 삶은 진화하는 것이라고 보았습니다. 그런데 삶을 진화라고 생각하면, 노화는 퇴화처럼 여겨지게 됩니다. 누구나 젊을 때는 빨리 걷고, 나이가 들면 느리게 걷고, 젊은 사람이라 할지라도 병에 걸릴 수 있는데 말이지요.

병원에서 재활하던 시절, 나는 병동과 병동을 잇는 복도를 걷고 있을 때 여러 사람에게 추월당하곤 했습니다. 그렇다고 해서 뒤에서 천천히 걸어가던 내가 열등한 것도, 추월해서 앞서 걷는 사람이 특별히 뛰어난 것도 아니었습니다. 누군가는 빠르고, 누군가는 느릴 뿐이었지요. 나는 그저 그날에 맞는 속도로 걸어가고 있을 따름이었습니다.

치료나 재활에 힘쓰는 것은 마이너스 상태에서 플러스 상태로 나아가기 위해서가 아닙니다. 회복이란 병에 걸리기 전과 똑같은 몸 상태로 되돌아가는 걸 의미하는 게 아닙니다. 완전히 회복되지 않는 질병도 있으니까요. 그렇다고 치료나 재활이 무의미하지는 않습니다. 이전과 똑같은 건강을 되찾지 못하더라도, 그 과정에서 인생과 자신을 바라보는 시각이 깊어지는 경험도 할 수 있기 때문입니다. 그런 경험을 한 사람이 많습니다.

삶을 평평한 길을 걷는 일에 비유한다면, 속도가 빠른지 느린지, 어느 지점을 걷고 있는지는 본질적으로 상관없습니다. 하지만 느리더라도 '앞에 있는 것이 더 낫다'고 생각하는 순간 경쟁심이 발동합니다.

공부도 마찬가지입니다. 진도가 빠르다는 사실에서 우월감을 느끼는 사람이 있습니다. 중학생 때 "그건 이미 학원에서 배웠어!"라고 자랑하던 반 친구가 떠오르는군요. 아마도 다른 아이들이 모르고 있는 것을 먼저 알고 있다는 사실에 우월감을 느낀 것이겠지요. 그렇지만 조금 더 빨리 배웠다고 해서 더 뛰어난 것은 아닙니다.

앞에 있는 사람은 그냥 앞에 있을 뿐이고, 뒤에 있는 사람은 그저 뒤에 있을 뿐입니다. 앞에 있느냐, 뒤에 있느냐 하는 것에 마음을 빼앗기는 이유는 결국 다른 사람과 자신을 비교하기 때문입니다. 그럴 필요 없습니다. 어디에 있든, 어떤 속도로 걷든 그 자체로 이미 충분합니다. 이런 시각을 갖게 된다면 걷는 법뿐만 아니라 다양한 삶의 방식을 받아들일 수 있게 될 겁니다.

5장

자신감을 가지고 성장하기

스스로 거는 브레이크는
이제 그만

지금까지 자신이 특별해야 한다고 여기게 하는 마음의 문제를 살펴보았습니다. 특별해지고 싶은 마음이 알고 보니 열등감에서 비롯되었다는 사실은 인정하기 쉽지 않습니다. 그렇더라도 열등감에 흔들리지 않고 공부와 일에 자신 있게 임하려면 어떻게 해야 할지 생각해 볼 필요가 있습니다.

진정한 자신감을 가지려면 스스로 브레이크 거는 일을 멈춰야 합니다. 스스로 브레이크를 거는 이유는 지금까지처럼 성공하지 못할 거라는 불안 때문이지만, 그것은 앞서 설명한 대로 능력이 부족해서도, 경쟁자가 나타나서도, 앞길을 가로막는 장애물이 있어서도 아닙니다. 결과가 두렵기 때문입니다.

결과를 두려워하는 사람은 어떤 일에도 제대로 임하기 어렵습니다. 온 힘을 다하지 못할 핑계를 스스로 만들어내기 때문입니다. 결과가 어떻게 나오든 우리가 할 수 있는 것은 노력뿐입니다. 그런데도 우리는 그 노력에 스스로 제동을 걸기 위해 괜한 불안을 만들어내곤 합니다.

원하는 결과를 얻지 못했다면, 다음에는 더 나은 결과를 얻기 위해 다시 노력하면 됩니다. 그러면 되는 것뿐인데 스스로 브레이크를 밟아버리고 마는 것이지요.

경쟁은
당연한 것이 아니다

　일에서 늘 좋은 성과를 내는 사람은 겉보기에 자신만만해 보입니다. 그러나 다른 사람과의 경쟁에서 이겨 인정받아야만 유지되는 자신감이라면, 경쟁에서 지는 순간 쉽게 무너질 수밖에 없습니다.

　지금은 이기고 있지만 '언젠가는 질지도 모른다'는 불안에 시달리고, 실제로 자신보다 뛰어난 사람이 나타나는 순간 그 자신감은 흔들립니다. 이런 일로 요동치는 자신감은 진정한 자신감이라고 할 수 없습니다.

　경쟁이 당연하다고 여겨지는 사회에서 사는 사람은 승리해야만 자신에게 가치가 있다고 느낍니다. 따라서 계속 앞서려고 애씁니다. 하지만 늘 압박이 뒤따릅니다. 지금껏 경쟁을 뚫고 승승

장구해 온 사람일지라도 앞으로도 계속 그러리라는 보장은 없습니다.

우리 사회에 경쟁이 만연하다고 해서 그것이 결코 자연스럽거나 바람직한 것은 아닙니다. 오히려 경쟁은 인간의 정신 건강을 해칩니다.

자신감을 가지고 공부와 일에 몰두하려면 경쟁에서 한발 물러설 필요가 있습니다. 하지만 경쟁이 당연한 사람에게는 다른 사람을 의식하지 않고 공부와 일에 몰입하는 상태가 어떤 것인지 상상하기조차 어렵겠지요.

다른 사람과
비교하지 마라

　다른 사람을 의식하지 않기 위해서는 비교하는 것을 멈추어야 합니다. 자신에게 스스로 제동을 거는 건 남과 자신을 견주기 때문입니다. 능력을 키우려면 이런 비교에서 벗어나야 합니다.

　자신이 더 뛰어나다는 확신을 얻기 위해 다른 사람과 비교할 필요는 없습니다. 다른 사람과 같은 일을 한다고 해서 그것이 나의 일이 되는 것도 아닙니다. 자기 일과 남의 일을 비교하며 우열을 따지려는 사람도 있지만, '이 일은 나만 할 수 있다'라고 믿는 사람은 애초에 비교를 할 이유가 없습니다.

　이렇게 말하면, '그러면 결국 자기만족으로 끝나는 것 아닌가?'라는 생각이 들지도 모릅니다. 물론 내 일이 자기만족을 넘어서 다른 사람에게 도움이 된다면 좋은 일이지요. 하지만 남에게 도움이 되어야 한다는 생각에 집착해 과도하게 헌신하거나 자신을 희생하는 것은 위선적으로 보입니다.

자기만족을 하라는 뜻이 아닙니다. 먼저 자신이 만족할 만한 일을 하고, 그것이 다른 사람에게 공헌하는 것이 바람직합니다.

식물은 열매를 맺으면 더 바라지 않습니다. 열매를 따서 먹는 사람, 꽃을 감상하는 사람이 있을지 몰라도 식물이 신경쓰지는 않습니다.

자신과 다른 사람을 비교하는 일은 의미가 없습니다. 왜 그럴까요? 자신의 능력은 타인과 비교할 성질의 것이 아니기 때문입니다. 음악가와 화가가 경쟁하지 않는 것처럼 애초에 비교 자체가 성립할 수 없습니다. 같은 일을 하는 사람끼리는 시샘할 수 있어도, 전혀 다른 분야라면 비교할 이유도 시샘할 이유도 없지요.

그렇다면 같은 일을 하면 남과의 비교는 필수적인 걸까요?

누군가가 일을 손쉽게 해내는 듯 보이면, 자신도 모르게 그 사람과 자신을 견주어보고 싶은 마음이 들 수도 있습니다. 하지만 겉으로는 쉬워 보이는 성취도 그 뒤에는 그 사람이 오랜 시간 쌓아온 노력과 과정이 있습니다. 경쟁심이 없는 사람이라면 자신이 얼마나 노력했는지를 굳이 알리지 않기 때문에 더욱 쉽게 해내는 듯 보일 뿐이지요.

우리는 남이 애쓴 시간과 과정보다는 이미 완성된 모습만 보게

되기에 '나는 저 사람처럼은 절대 못해'라고 단정 짓고 자신에게 브레이크를 겁니다.

어떤 일이든 노력 없이 이뤄지지 않습니다. 작가가 원고를 척척 써 내려가는 것처럼 보여도, 순식간에 글을 완성하는 일은 거의 없습니다. 외국어에 능한 사람도 마찬가지입니다. 자신은 오랫동안 공부해도 외국어 실력이 제자리인 것 같은데, 다른 사람은 쉽게 읽고 듣고 말하고 쓰는 듯 보이면 낙담하기 쉽습니다. 그런데 그 사람도 오랫동안 꾸준히 공부해 왔습니다. 눈에 보이지 않았을 뿐이지요. 노력 없이 처음부터 술술 읽고 듣고 말하고 쓸 수 있는 사람은 없습니다.

다른 사람과
경쟁하지 마라

이처럼 경쟁에서 지는 것을 두려워하는 사람은, 공부든 일이든 인생에서 어려운 과제를 마주했을 때 경쟁해도 이길 수 없는 이유를 만들어내며 시도조차 하지 않으려 합니다.

경쟁하는 사람은 아무하고나 겨루려 하지 않습니다. 자신이 분명히 우위에 있거나 이긴다고 확신이 드는 사람, 적어도 이길 가능성이 있는 상대를 선택합니다.

이길 수 없다는 생각이 들면 처음부터 경쟁을 피하려고 합니다. 이길 수 없다는 마음은 열등감에서 비롯되지만, 자신의 능력이 미치지 못한다고 인정하기는 어려워도 상대가 너무 뛰어나기 때문에 경쟁하지 않는 것이라고 합리화하는 것은 그리 어렵지 않습니다.

겉보기에는 경쟁할지 말지가 상대에게 달린 듯 보입니다. 그러나 전적으로 자기 판단에 따른 것입니다. 이길 수 있다는 확신이 들면 나서고, 그렇지 않으면 피합니다. 그리고 상대가 너무 뛰어나서 경쟁을 피한 거라고 둘러대지요.

그런데 문제는 여기에서 끝나지 않습니다.

이솝 우화에 나오는 토끼와 거북이 이야기를 아실 겁니다. 둘은 누가 더 발이 빠른지를 두고 다투다가 결국 시합을 벌이게 되지요.

당연히 자신이 이길 것이라 여겼던 토끼는 방심한 탓에 패배했습니다. 아마 상대가 거북이가 아니라 자신과 비슷한 속도를 가진 동물이었다면 절대 쉴 생각을 하거나 잠들지 않았겠지요. 누구나 잘 아는 이 우화는 자만심의 결과를 보여줍니다.

토끼에게 중요한 것은 승리가 아니라, 승리했을 때 얻는 우월 감과 칭송이었습니다. 질 가능성이 조금이라도 있었다면 애초에 시합에 임하지 않았을 것이고, 혹은 도중에 포기하고 말았을지 도 모릅니다.

저는 오랫동안 이 이야기를 떠올릴 때, 거북이는 느리더라도 묵묵히 자신의 길을 가는 존재라고만 여겼습니다. 그런데 다시 읽어보고 생각이 달라졌습니다. 거북이 역시 토끼의 도전에 응 해 경쟁하려 했다는 사실을 알고 놀랐습니다.

_《이솝 우화집》

애초에 거북이는 토끼의 도발에 응할 필요가 없었습니다. 발 이 빠르든 느리든 그저 차이가 있을 뿐 그것으로 우열이 가려지 는 것은 아니기 때문입니다. 거북이에게는 처음부터 토끼와 경 쟁해야 할 이유가 없었던 것이지요.

제 아들이 유치원에 다니던 시절에 죽마 타기 경주가 열린 적 이 있었습니다. 아들은 경주 당일까지도 죽마를 제대로 탈 줄 몰 랐습니다. 어떻게 될지 걱정이 됐는데, 시작부터 끝까지 선생님의 도움을 받기는 했지만, 무사히 결승점에 도착했습니다. 그런데 뜻밖에도 처음에 힘차게 선두로 나섰던 한 아이가 선두 자리를 빼앗기자 곧바로 경주를 포기해 버리더군요.

끝까지 경쟁해야 한다는 뜻이 아닙니다. 어떤 일이든 경쟁의 틀로 바라보기 시작하면, 경쟁이 아닌 과제조차 '이길 수 있을 것 같은 때'만 하고 질 것 같다고 느껴지면 금세 포기하고 맙니다. 바로 이런 사고방식을 지적하고 싶은 것이지요.

'질 것 같으면 경쟁하지 않는다.' 이런 태도 자체는 문제가 아닙니다. 공부와 일이라는 삶의 과제를 경쟁으로 인식하는 생각 자체가 문제입니다. 거북이는 이길 수 없다고 여겨지는 토끼와 시합을 하고, 포기하지 않고 끝까지 완주했습니다. 사실 토끼와 거북이의 속도는 애초에 비교할 수 있는 성질의 것이 못 되며, 경쟁할 수 있는 범주의 것도 아니었지요. 그런데도 거북이는 시합에 응해 경쟁에 휘말렸습니다. 그것이 문제입니다.

패배해도 나의 가치는
사라지지 않는다

'경쟁에서 질까 봐 불안하다.' 이러면 어떻게 해야 할까요? 경쟁의 무대에서 한발 내려오면 됩니다. 거기서 내려온다고 해서 지는 것은 아닙니다. 경쟁을 떠나는 순간 이길 일도 질 일도 사라지기 때문입니다.

'나만 그럴 수는 없지'라고 생각하는 사람도 있을 겁니다. 자신이 경쟁의 무대를 떠나더라도 다른 사람들은 여전히 무대에 남아서 이기려고 애쓸 테니, 그러면 자신만 손해를 보는 것 아닌가 하는 의심이 드는 것이기요.

하지만 모두가 경쟁하고 있다는 인식은 어릴 때부터 주입된 고정관념일 뿐입니다.

언젠가 전철 안에서 중학교 입시를 앞둔 초등학생 무리를 본

적이 있었습니다. 머리에 '필승'이라고 적힌 띠를 두른 얼굴에는 긴장과 비장함이 가득하더군요. 부모나 교사에게 "경쟁에서 이기지 못하면 인생에서 뒤처진다"라는 말을 반복해서 들어왔다면, 입시는 물론이고 이후의 삶 전체를 경쟁으로 받아들이게 되는 것도 어찌 보면 자연스러운 일입니다.

지금까지 경쟁에서 이기는 것으로 자신의 가치를 확인해 온 사람은 경쟁 없이 사는 자신의 모습을 상상하기조차 어려울 겁니다. "만약 지게 되면 어떻게 되는 걸까?" 이런 질문조차 해본 적 없을 수도 있습니다.

하지만 이런 사람도 언젠가는 경쟁에서 밀릴지도 모른다는 불안을 느끼게 마련이지요. 한 번이라도 패배를 경험한 사람은 그때 스쳐 지나간 '나는 쓸모없는 존재가 아닐까?' 하는 불안한 감정을 잊지 못해, 다시는 그런 기분을 느끼지 않기 위해 더욱더 지는 일을 두려워하게 됩니다.

겉으로는 자신감 넘치고 경쟁에서 질 거라는 생각은 전혀 하지 않는 듯한 사람이더라도, 마음속 깊은 곳에서는 '언제든 역전당할 수 있다'는 불안을 품고 있을 공산이 큽니다. 그런 불안을 떨쳐내기 위해 더 애쓰고 조급하게 구는 것이지요.

그렇지만 경쟁에서 졌다는 이유만으로 자신의 가치가 사라지는 것은 아닙니다. 승패를 기준으로 사람의 가치를 재려는 관점 자체가 잘못된 믿음이기 때문입니다.

실패를
두려워하지 마라

공부도 일도, 더 나아가 인생도 경쟁이 아닙니다. 그런데도 경쟁으로 여기고 살아왔다면, 어떻게 해야 이 틀에서 벗어날 수 있을까요?

먼저 실패를 두려워하지 말아야 합니다. 실패했다고 해서 문제가 있는 것은 아닙니다. 단지 접근 방식이 미숙했던 것뿐이며, 올바른 방법을 배우고 훈련하면 누구나 실패를 피해 갈 수 있습니다. 일을 할 때 좋은 결과를 내기 위한 노력은 필요하지만, 기대한 성과를 얻지 못했다고 해서 그 즉시 인생에서 졌다고 해석할 이유는 없습니다. 당연히 자신을 쓸모없는 사람이라고 평가할 필요도 없고요.

새로운 일을 시작할 때, 실패하는 것은 지극히 자연스러운 일입니다. 우리는 실패를 통해 배울 수 있습니다.

그런데 어린 시절부터 "이런 것도 제대로 못해?"와 같은 꾸지람을 듣고 자라면, 어떤 일을 하든 '나는 아무것도 못하는 사람일지도 몰라' 하는 불안이 마음에 자리하게 됩니다. 이 불안은 새로운 과제 앞에서 브레이크로 작동합니다. 하지만 처음부터 모든 일을 완벽히 해낼 수는 없습니다. 실패하는 것은 당연한 일입니다.

그런데도 실패한 아이에게 "이런 것도 못해?"라고 꾸짖는 어른들이 있습니다. 이는 어른의 시선으로 내린 평가입니다. 그 어른들 역시 어린 시절에는 '이런 것도' 제대로 못하던 때가 있었을 겁니다. 그랬으면서 마치 자신은 한 번도 그런 일이 없던 것처럼 아이를 나무라는 것이지요. 이런 꾸지람을 계속 들으면 아이는 '나는 뭘 해도 안 되는 사람이야'라는 믿음을 마음에 새기게 됩니다.

어릴 때부터 늘 좋은 성적을 받아온 사람은 실패를 경험할 기회가 거의 없었을지도 모릅니다. 실패가 드물었던 만큼, 어른이 되어 사회에 진출한 후 처음 맞닥뜨린 실패는 훨씬 큰 충격으로 다가오곤 합니다.

일을 할 때는 실패하지 않는 것이 좋겠지요. 그렇지만 누구든 한 번쯤 실패를 경험합니다. 그렇기에 실패하지 않는 방법만 고민할 게 아니라 실패했을 때의 대처 방법도 미리 고민하고 준비해 두어야 합니다.

물론 실패했을 때는 책임을 져야겠지요. 자기 일은 다른 사람과 비교하거나 경쟁할 필요 없이 자신이 노력하면 될 뿐이지만, 실패의 여파는 자신뿐만 아니라 다른 사람에게도 영향을 주기 때문입니다.

그럴 때는 먼저 가능한 한 최선을 다해야 합니다. 물건을 깨뜨렸다면 완전히 원래대로 되돌릴 수는 없으니까요. 꽃병을 깨뜨렸다면 먼저 깨진 조각들을 정리해야 합니다. 의료 현장이라면 발생한 문제를 재빨리 해결하고 생명을 살리기 위해 할 수 있는 모든 조처를 해야 하겠지요.

그리고 자신의 실패로 인해 누군가가 다쳤거나 피해를 입었다면 반드시 사과해야 합니다. 고의가 아니더라도 피해가 생겼다면 사과는 당연한 일입니다.

그런 다음에는 같은 실패를 되풀이하지 않으려면 어떻게 해야 할지를 생각해야 합니다. 누구나 실패할 수는 있지만, 그 실패를 반복하지 않으려면 원인을 돌아보고 개선책을 마련해야 합니다. 많은 부모나 상사가 아이나 부하 직원이 실수하면 혼나는 것에만 신경 쓰기 때문에 정작 다음 실패를 방지할 기회를 놓치곤 합니다. 이런 환경에서는 실패하지 않는 방법이 아니라, '혼나지 않도록 실패를 숨기는 법'을 배우게 됩니다.

실패했을 때는 이런 식으로 책임을 져야 합니다. 그렇다고 낙담하고 있어서는 안 됩니다. 한 번 실패했다고 해서 다시 아무것도 하지 않을 수는 없으니까요. 책임질 부분은 책임을 지면 될 뿐, 실패했다고 평판이 무너질까 두려워할 필요는 없습니다. 오히려 실패를 숨기는 것이 신뢰를 잃게 하고, 책임지는 태도가 신뢰를 쌓게 합니다.

아들러는 이렇게 말했습니다.

용기와 인내 그리고 자신감을 갖도록 가르치는 것이 무엇보다 중요하다. 실패를 용기를 꺾는 사건으로 보지 않고, 새롭게 맞이해야 할 과제로 받아들이도록 이끄는 교육이 필요하다.

_《알프레드 아들러, 교육을 말하다》

지금의 교육은 이런 가르침보다는 성공과 실패라는 결과에만 시선을 둡니다. 실패해도 용기와 자신감을 잃지 않고 다시 일어설 수 있는 힘을 기르도록 해야 합니다.

누구나 가능한 한 실패를 피하려고 애를 씁니다. 또 그래야만 하고요. 하지만 실패했다고 해서 위축되거나 우울해할 필요는 없습니다. 실패는 오히려 어려움을 헤쳐나갈 힘을 기르는 기회가 되기도 합니다. "이 실패로부터 무엇을 배울 수 있을까?" 하고 긍정적으로 받아들이는 것도 좋습니다.

결과를
회피하지 마라

실패하지 않아도, 일을 하다 보면 어떤 형태로든 결과는 나오게 마련입니다. 그 일이 복잡하다면 아무리 노력해도 완수하지 못하는 때도 있겠지요. 그런데 그런 상황에서 낙심하는 진짜 이유는 일이 어려워서가 아닙니다. '혹시 내가 능력이 부족한 건 아닐까?' 하는 두려움 때문이지요.

실패한 사람을 두고 무능하다고 여기는 이들도 있을 겁니다. 그렇지만 해야 하는 일이라면 남들이 어떻게 생각하든 해야만 합니다

좋은 결과가 나올지 어떨지는 알 수 없습니다. 다만 기대에 못 미친다면 그때 가서 다시 생각하면 됩니다. 결과가 보장될 때만 도전하는 것이 아니라, 결과에 상관없이 착수하는 태도가 필요

132

합니다.

결과를 내지 않는 가장 간단한 방법은 아무것도 하지 않는 겁니다. 학생이 시험을 치르지 않으면 나쁜 점수를 피할 수 있습니다. 대신 그만큼 학점도 얻지 못하고 결국 졸업도 할 수 없습니다. 그 순간을 잠시 모면할 수는 있지만, 아무것도 해결되지는 않습니다.

이와는 반대로 과제에 임하면, 그 과정에서 쏟은 노력만큼 어떤 식으로든 결과가 나옵니다. 만점은 아니더라도 70점이든 80점이든 분명한 성과가 남게 됩니다.

‘결과가 나쁘면 어떡하지?’ 새로운 일에 도전할 때 이런 걱정만 하고 있으면 중요한 것을 배우지 못하고 살아가게 됩니다. 해보면 다릅니다. 예상보다 좋은 결과가 나올 수도 있고, 지금까지 배워온 것이 힘이 되어 쉽게 해결되는 경우도 있습니다.

해보지 않으면 어떻게 될지 알 수 없습니다.

성공과 실패에
얽매이지 마라

해야 하는 과제를 앞에 두고 "자신 있습니까?"라는 질문을 받았을 때, 흔쾌히 "있습니다!"라고 답할 수 있는 사람은 많지 않을 겁니다. 물론 모든 일에 대해 자신이 없는 것은 아니겠지요. 결과가 확실히 그려지는 일이라면 "자신 있습니다!"라고 답하게 될 겁니다.

그렇지만 생각대로 안 된 경험, 예컨대 실패를 겪었다면, "다음에는 잘할 수 있어"라고 자신 있게 말하기가 어렵습니다. 실제로도 다음에는 반드시 잘된다는 보장도 없지요. 노력한다고 해서 늘 좋은 결과로 이어지지는 않으니까요. 최선을 다해 임했더라도 입시나 취업 면접에서 떨어질 수 있고, 어쩌면 이런 일이 더 흔할지도 모릅니다.

그런데 자신감은 성공이나 실패와는 상관없습니다. **자신이 하는 일에 '가치가 있다'고 믿는 사람은 성공이나 실패에 연연하지 않습니다.**

어떤 일을 하든 실패할 수 있습니다. '나는 실패한 적이 한 번도 없어'라고 하는 사람은 없겠지만, 비교적 순탄하게 성공의 길을 걸어온 사람이라면 원하는 결과를 내지 못했을 때 자신감을 잃고 실패하는 일을 두려워하게 될 겁니다. 성공해야만 유지되는 자신감은 실패하면 금세 사라집니다.

따라서 처음부터 자신감을 가지지 않기로 결심하는 사람도 있습니다. 어려운 과제에 직면했을 때 결과가 좋지 않을까 봐 두려워 시도하지 않는 사람처럼 말이지요.

자신감을 갖고 싶지 않은 사람은 없을 겁니다. 하지만 자신감이 생기면 어떤 일이 벌어지는지를 생각해 보면, 왜 자신감을 가지지 않으려는 사람들이 있는지 이해도 됩니다.

자신감이 생기면 어려운 일에도 도전하게 됩니다. 그렇다고 해서 반드시 원하는 결과를 얻을 수 있는 것은 아니지요. 이런 상황을 피하고 싶으니 처음부터 전력을 다하지 않는 겁니다.

아무것도 하지 않으면 결과는 나오지 않습니다. 그런데 자신감이 있다면, 예컨대 시험을 치르러 가겠지요. 시험을 치르면 점수라는 결과가 반드시 나올 테고요. 바로 이러한 점 때문에 자신감을 가지지 않기로 결심하는 겁니다. '자신감이 없어서 도전하지 않는다'라고 생각할 수 있으니까요. 자신감을 가지지 않기로 결심한다는 것은 이런 의미입니다.

자신감을 성공이나 실패와 연관시키면 '도전해도 성공하지 못할 거야'라는 생각이 먼저 떠오르고, 그 순간 자신감은 쉽게 꺾여버리고 맙니다.

'하지만'은
필요 없다

결과를 두려워하지 않고 도전하려면 먼저 '하지만'이라는 말을 입에 담지 않겠다고 결심하는 게 중요합니다. 해야 하는 과제를 눈앞에 두고도 하지 않기로 결심한 사람은 늘 '하지만'을 앞세워 핑계를 만듭니다. **'할 수 없다'라는 말은 면피용일 뿐 '하기 싫다'가 진심입니다. 대부분은 정말로 할 수 없는 일이 아니라, 하려는 마음이 없을 뿐입니다.**

'하지만'은 해볼까 말까 고민이 들 때 하는 말이 아닙니다. 그 말을 내뱉었을 때는 이미 하지 않겠다는 쪽으로 마음이 기운 뒤입니다.

따라서 '하지만'이라는 말이 먼저 떠오른다면, '지금 내가 하기 싫어하는구나'라는 사실을 자각해야 합니다. 그런 다음에 해야 할 일은 '하지만'이라는 말을 삼키는 것이지요.

　해봐도 안 되는 일이 분명 있긴 합니다. 하지만 '이건 나로서
는 절대 무리야'라고 처음부터 단정해 버리는 경우가 훨씬 많습
니다. 처음에는 내키지 않았지만 막상 해보고 나니 마음이 바뀔
수도 있습니다. 반대로 '나한테는 힘들어'라고 시도조차 하지 않
았던 것을 나중에 가서 후회할 수도 있지요.

가능성 속에
살지 마라

철학자 헤겔이 《법철학 강요 Grundlinien der Philosophie des Rechts》 서문에 인용한 말이 있습니다.

여기가 로도스요. 여기서 뛰어보시오.

이 말은 이솝 우화의 한 일화에서 비롯되었습니다.

어느 마을에 자기가 세상에서 제일 대단하다고 떠벌리는 남자가 있었습니다. 그는 여러 나라를 여행하고 왔다는 사실을 자랑하며, 여행한 나라에서 경험한 일들을 자랑삼아 떠들곤 했지요. 어느 날 그는 사람들 앞에서 이렇게 큰소리를 쳤습니다.

"여러분, 제가 로도스섬에 갔는데 말이지요, 거기서 멀리 뛰기를 했는데 놀랄 만한 기록을 세웠다니까요. 로도스섬에 가보면 제가 얼마나 멀리 뛰었는지 증명해 줄 거예요!"

그 이야기를 듣던 사람 중 한 명이 말했습니다.

"그 말이 사실이라면 따로 증명이 필요 없지 않겠소? 여기가 로도스요. 여기서 뛰어보시오."

저는 이 허풍쟁이를 '가능성 속에서만 사는 사람' 혹은 '실행에 옮기지 않아도 될 때에만 사는 사람'이라고 생각합니다. 이런 사람은 가능성이 현실이 되는 순간을 바라지 않습니다.

"넌 머리가 좋으니까, 하면 할 수 있어." 이런 말을 들어도 공부를 하지 않는 아이가 있습니다. '하면 할 수 있다'는 가능성 속에 머무르는 동안에는 여전히 '할 수 있는 아이'로 남아 있을 수 있기 때문입니다. 공부를 열심히 했다가 시험 성적이 나쁘게 나오면 '못하는 아이'로 불릴까 봐 두렵기 때문입니다.

하지만 결과는 언제고 반드시 드러나게 마련입니다. 그렇기에 과제를 계속 미루는 것은 의미가 없습니다. 원하는 결과를 얻지 못했다면 다시 도전하면 됩니다. 그뿐입니다.

'누가' 말했느냐는
중요하지 않다

일본의 대표적 철학자 쓰루미 슌스케가 쓴《어른이 된다는 것은 무엇일까? 쓰루미 슌스케와 중학생들大人になるって何？鶴見俊輔と中学生たち》을 보면 일본 최초의 노벨상 수상자인 물리학자 유카와 히데키湯川秀樹에 관한 일화가 하나 소개되어 있습니다.

어느 날 유카와는 강의 도중 칠판에 적어둔 수식을 한동안 바라보더니 학생들을 향해 "잠깐만 기다려주게"라고 말하고는 강의실 밖으로 나갔습니다.

잠시 후 그는 수학 교수를 데리고 들어와 학생들 앞에서 이렇게 물었습니다.

"교수님, 이거 아무래도 이상한 것 같은데요. 틀렸나요?"

수학 교수는 수식을 확인한 후에 "아, 여기, 틀렸네요"라며 몇 군데를 고쳤습니다. 유카와는 그 수정된 수식을 그대로 받아들인 후 강의를 이어갔습니다.

이 일화를 전한 쓰루미는, 이러한 종류의 솔직함은 교육적으로 매우 바람직하지만 실제로 이러한 선생은 보기 드물다고 말합니다. 확실히 유카와처럼 틀림을 인정하는 사람은 흔치 않습니다. 직장 상사든 정치인이든 부모든, 자신의 발언이 틀렸다는 사실을 깨닫더라도 누군가가 지적하기 전까지는 좀처럼 인정하려 들지 않지요.

유카와처럼 자신의 실수를 있는 그대로 인정하는 사람에게 있어서 중요한 것은 문제를 해결하려는 것, 최소한 그 노력입니다. 따라서 관계에서 마찰이 생길까 봐 두려워 해결하지 않는 일은 없습니다. **무엇을 배우든 다른 사람이 어떻게 생각할지를 의식하면 실력이 늘지 않습니다.**

서두에서 제가 언급했던 그리스어 수강 학생도 마찬가지입니다. 교수가 자기를 어떻게 여길지 걱정할 필요가 없었습니다. 교수는 학생이 어느 부분을 잘못 이해하고 있는지를 알아야 합니다. 그래야 가르칠 수 있지요. 따라서 틀려서 못하는 사람으로 여겨질까 봐 아예 대답을 하지 않는 학생이야말로 가르치는 입장에서는 가장 곤란한 대상입니다.

일터라고 다르지 않습니다. 입사한 지 얼마 안 된 신입사원이라면 실수하는 것이 당연합니다. 상사의 눈치를 보지 말고 모르는 것은 바로 물어야 합니다. 이런 직원이 빠르게 성장합니다. 상사가 "이런 것도 못 합니까?" 하고 나무랄 수도 있습니다. 그렇더라도 어디가 잘못되었는지, 어떻게 해야 하는지 물어야만 착실하게 실력을 쌓아갈 수 있습니다.

이와는 달리 모르는 것이 있어도 묻지 않고 넘어가면, 표면적으로는 유능해 보일지 모르지만 실력은 좀처럼 향상되지 않습니다. **'잘하는 것처럼 보이는 것'보다 실제로 '잘하는 것'이 훨씬 중요합니다.**

실제로 잘하려면, 자신이 모르는 것과 아직 못하는 부분을 솔직히 인정해야 합니다. 특별해야 한다는 강박을 버리고, 지금의 자신을 있는 그대로 받아들여야 하지요.

교사나 상사라고 해서 모든 것을 다 알고 있지도 않고, 실수할 수도 있습니다. 모르는 것에 대한 질문을 받았다면, "다음 시간까지 알아보고 답변해 줄게요"라고 하면 됩니다. 교사의 이런 대응을 보고 교사로서의 역량을 의심하는 사람도 있을지 모릅니다. 그렇지만 잘못된 것을 전하지 않고 정확한 사실을 가르치려는 자세는 학생들이 어떻게 생각하든 결코 포기해서는 안 됩니다.

이처럼 과제 해결을 가장 먼저 생각하는 사람이 있는가 하면, 과제 해결보다 그것을 둘러싼 인간관계를 더 우선시하는 사람도 있습니다.

인간관계를 우선시하는 유형은 과제 해결 자체에는 별 관심이 없고, 절차에 집착하는 경향이 있습니다. 예를 들어, 자신이 모르는 사이에 일이 진행되고 사후 보고를 받게 되었을 때 그 내용보다는 자신에게 먼저 말하지 않았다는 점에 더 큰 불만을 느낍니다. 이런 사람은 자존심이 강하고, 잘못을 지적받아도 좀처럼 받아들이려 하지 않습니다. 아무리 합리적인 해결책을 제시해도 자신이 내놓은 방법이 아니라면 쉽게 인정하지 못하지요. 이런 사람에게 중요한 것은 '무엇'을 말했느냐가 아니라 '누가' 말했느냐입니다.

인간관계의 갈등은 대부분 이런 유형의 사람들과 함께할 때 발생합니다. 상사가 이런 유형이라면, 상사에게 직접적으로 틀렸다고 말하는 순간 상사는 곧바로 자존심이 상했다고 생각할 공산이 큽니다. 인간관계를 우선적으로 고려하지 않으려면, '누가' 말했는지가 아니라 '무엇'을 말했는지에 초점을 맞춰야 합니다.

자신의 실수를 인정하지도 않고, 모른다는 사실을 받아들이지도 못한 채 절차에만 집착하는 사람을 앞에 두고 자신의 의견을 말해야 할 때가 있습니다. 이때 선택지는 두 가지입니다. 자기 의견을 열렬히 피력하거나 조용히 넘어가거나. 전자처럼 하면 마찰이 생기고, 후자처럼 하면 마찰을 피할 수 있습니다.

말하지 않으면 부딪힐 일도 없고, 평온은 유지될지도 모릅니다. 그렇지만 이렇게 해서는 문제를 끝내 해결할 수 없습니다.

타인의 평가에
신경 쓰지 마라

일이란 건 언제나 평가받게 마련입니다. 그 평가가 늘 공정하지는 않지만요. 중요한 것은 훌륭한 일을 하는 것이지, 평가받고 인정받는 것이 아닙니다. 인정받기 위해 일하는 사람은, 인정받지 못할 것 같으면 처음부터 임하지 않거나 하더라도 대충 해버리고 맙니다.

돋보이려 하지 않아도 좋은 일을 하면 자연스럽게 인정을 받습니다. 하지만 인정받기 위해 일하는 순간, 오히려 진정으로 훌륭한 일을 하기가 어려워집니다.

보고서나 논문을 완성한 후 누군가 "잘 쓰셨네요"라고 말해주지 않으면 자신의 작업 완성도를 확신하지 못하는 사람이 있습니다. 하지만 작업의 완성도와 타인의 평가가 늘 일치하는 것은 아닙니다.

예로부터 많은 예술가가 살아생전에는 작품의 가치를 인정받지 못했습니다. 그럼에도 그들은 세간의 반응에 흔들리지 않고 묵묵히 그림 작업을 이어갔습니다. 그림이 팔리지 않아 가난한 살림살이였어도 전혀 개의치 않은 듯 보입니다.

만약 그 예술가들이 인정받는 것을 우선시했다면, 당시 사람들에게 받아들여질 만한 그림을 그렸을 겁니다. 그런 작품들은 당대에 인기를 얻었을지는 몰라도, 후세에도 이어질 만한 보편적 가치를 품고 있지는 않았을 수도 있습니다. 시간이 지나면서 잊힌 예술 작품이나 문학 작품이 얼마나 많은지요.

예술이나 문학은 특별한 영역이라서 일반적인 일과는 다르다고 생각할 수도 있습니다. 그렇지만 가치와 평가의 문제에 있어서는 예술이든 일이든 본질적으로 다르지 않습니다.

아무리 뛰어난 작품이라도 작가가 살아 있는 동안에 제대로 평가받지 못하는 경우가 종종 있습니다. 그렇다고 해서 그 작품이 가치가 없는 것은 아니지요.

일도 마찬가지입니다. 타인의 평가나 인정을 우선시하기보다는 자신이 어떻게 생각하고 느끼는지를 먼저 살펴야 합니다. 평가는 어디까지나 결과로 주어지는 것입니다. 평가받는 것을 목적으로 하면 진정으로 가치 있는 일을 할 수가 없습니다. 자신의 기준과 가치관에 따라 임할 때 스스로에게도 설득력 있는 일이 되고, 그런 진심이 결국 좋은 평가로 이어지게 됩니다.

나만의 프레임을
만들어라

인정받고 싶다는 마음은 어른이 된 후 갑자기 생기는 것이 아닙니다. 어린 시절에 공부를 잘해서 부모의 칭찬을 받았다면, 부모의 기대에 계속 부응하기 위해 더 열심히 공부하게 마련입니다. 공부를 통해 부모의 관심과 사랑을 얻고자 하는 인정욕구가 삶에서 계속 작동하는 것이지요. 어른이 되어서도 마찬가지입니다. 주위 사람들로부터 계속 뛰어나다는 칭찬을 받으면 자신이 특별하다고 여기게 됩니다.

그런데 이 인정욕구를 추구하는 것이 당연한 일일까요? 그렇다고 할 수는 없습니다. 부모가 기뻐해서 공부를 잘한 아이가 있는가 하면, 부모의 관심을 받지 못해 공부에 의욕을 잃는 아이도 있습니다. 이는 모두 공부를 하는 본연의 자세라고 할 수 없습니다. 공부를 할지 말지는 자신의 뜻에 따라 결정해야 합니다. 인정받느냐 아니냐에 따라 결정하는 건 이상합니다.

일에서도 마찬가지입니다.

아들러는 《학교로 간 아들러의 개인 심리학》에서 교사를 기쁘게 하려고 지나치게 애쓰는 소녀의 이야기를 소개하며 이렇게 말합니다.

아이가 누군가에게 끌리고 가까워지고 싶을 때는 그 사람의 눈에 띄어 좋은 인상을 남기려는 경향이 있다.

아들러는 이런 경향이 인간의 본성에 어긋나는 것은 아니라고 말하지만, 저는 조금 다르게 생각합니다.

아이가 누군가의 마음에 들고 싶고, 그 사람이 자신을 좋아해주었으면 하는 마음이 생긴다면, 그 사람에게 자신이 '착한 아이'라는 인상을 주려고 노력합니다. 이런 태도는 공부에서도 비슷하게 나타납니다. 좋은 성적을 받아 부모나 교사에게 인정받으려고 하는 것이지요. 물론 모든 아이가 이렇지는 않습니다.

아들러는 이어서 이렇게 말합니다.

소녀는 좋은 인상을 줄 자신이 없었기에, 그 노력은 필사적일 수밖에 없었다.

'좋은 인상을 줄 자신이 없다는 불안'이 소녀를 더욱 몰아붙였다는 뜻입니다. 공부에서도 같은 심리가 작동합니다. 항상 좋은 성적을 받을 자신이 없어서, 기대에 못 미치는 점수를 받으면 부모나 교사가 실망할까 봐 두려운 나머지 더 필사적으로 긴장된 삶을 살게 되는 것입니다.

부모는 공부하지 않는 아이에게는 공부하라고 다그치지만, 공부를 잘하는 아이에게는 오히려 그만큼의 관심을 주지 않는 경우가 있습니다. 따라서 부모의 관심을 받고 싶은 똑똑한 아이는 더 높은 성적을 거두기 위해 끊임없이 노력합니다. 하지만 부모가 만족할 만한 성적을 계속 유지하기란 어려운 일이지요.

설령 뜻대로 계속해서 좋은 성적을 거둔다고 해도, 부모의 기대에 부응하기 위해 공부하는 아이에게는 그 기대 자체가 점점 더 큰 부담으로 다가옵니다.

이런 아이가 사회에 나가게 되면, 이번에는 다른 압박에 시달리게 됩니다. '좋은 성과를 내지 못하면 회사나 동료 직원들에게 인정받지 못할 거야.' 일을 잘해야 한다는 것보다 주변의 기대에 맞춰야 한다는 것이 더 큰 부담으로 작용하는 것이지요.

자신의 특별함이 다른 사람의 인정을 통해 성립된다고 믿으면, 일은 다른 사람에게 인정받기 위한 수단이 되고 맙니다. 원하는 결과가 나오지 않아도 '다른 사람이 나를 어떻게 볼까'라는 생각에 흔들리지 않는다면, '어떻게 일할 것'인지는 스스로 결정할 수 있습니다. 그다음에는 더 나은 결과를 얻기 위해 차분히 노력할 수 있고요.

일을 완수하는 데에 초점을 맞추면, 특별해져야 한다거나 인정받아야 한다는 마음은 자연스레 사라집니다. 타인의 평가를 지나치게 의식하지 않고 자기 일에 진심으로 임하면, 결국 좋은 평가가 뒤따르게 마련입니다.

평가와 가치는
일치하지 않는다

자기 능력이나 자기가 하는 일의 가치를 다른 사람에게 인정받아야 한다고 생각하는 사람에게는 그럴 만한 이유가 있습니다. 그렇게 해야 자신이 유능하다는 확신이 들며 일에 임할 용기가 생기기 때문입니다.

그렇지만 지금까지 살펴본 것처럼 성과를 내야 한다는 압박에 사로잡히면 적극적으로 일할 힘을 잃게 됩니다. 이런 사람은 '조금만 더 열심히 했더라면 좋은 결과를 냈을 텐데' 하고 스스로 합리화합니다. 그렇게 생각하면 위안이 될지도 모르지요. 그렇다고 해서 좋은 평가를 받을 수는 없습니다.

이와는 달리 성과를 내기 위해 최선을 다하는 사람도 있습니다. 이런 사람은 일에 매진할 때 '나는 유능하다'라는 확신을 가질 필요가 있습니다. 처음부터 늘 원하는 결과가 나오지는 않겠지만, 자신의 유능함을 확신하기 위해 타인의 인정에 기댈 필요는 없습니다. 하지만 자기 자신에 대한 믿음이 부족한 사람은 다른 사람들에게 유능하다는 인정을 받아야만 한다고 생각합니다.

그런데 자신의 능력을 굳이 다른 사람에게 증명하거나 과시하지 않아도 됩니다.

아들러는 이렇게 말했습니다.

우리는 무언가를 증명해야 한다고 느끼면 언제나 지나치게 행동하는 경향이 있다.

_《알프레드 아들러, 교육을 말하다》

즉 순서가 거꾸로 된 것이지요. 좋은 결과를 내면 인정받을 수 있습니다. 성과도 없는데 인정부터 바라는 것은 이치에 안 맞습니다.

다른 사람이 일의 가치를 제대로 평가하지 않을 수도 있습니다. 어떤 사람은 자신의 일뿐만 아니라 다른 사람이 자신에 대해 어떻게 말하는지조차 신경 씁니다. 누군가 "당신 참 마음에 안 들어요"라고 말한다 해도, 그건 어디까지나 한 개인의 의견일 뿐입니다. 그런 말로 자신의 가치가 달라지지는 않습니다. 반대로 "당신 정말 멋진 사람이군요"라는 말을 듣는다고 해서 자신의 가치가 높아지는 것도 아니고요.

가치가 있으니 평가가 뒤따르는 것이지, 평가가 가치를 결정하는 것은 아닙니다.

앞서 예술 작품을 예로 들었습니다. 예술 작품은 탄생한 시대에는 정당한 평가를 받지 못하기도 합니다. 많은 사람이 비슷한 의견을 내면 그 평가가 맞는 것처럼 보이기도 하지요. 하지만 호평이 적다는 이유로 작품의 본래 가치가 사라지는 것은 아닙니다.

일에 대한 평가는 예술 작품만큼 사람에 따라 평가가 크게 나뉘지는 않을 겁니다. 그렇다고 해도 평가란 어디까지나 일의 가치를 나타내는 하나의 지표일 뿐 전부는 아닙니다. 특히 평가 기준이 양적인 측면에 치우쳐 있다면, 그 평가는 정확하지 않을 수 있습니다. 새로운 시도를 담은 독창적인 일은 당대에는 제대로 평가받지 못할 수도 있지요.

물론 누구에게도 인정받지 못했다는 것이 자기 일에 가치가 있다는 뜻은 아닙니다. 그렇지만 모두에게 인정받는 방법만 고민하다 보면 결국 사람들의 비위를 맞추는 데에만 에너지를 쓰게 됩니다. 그렇게 살다 보면 누구의 의견에도 이의를 제기하지 못하는 예스맨처럼 머지않아 신뢰를 잃게 될 겁니다.

시험 출제자의 의도를 맞추려는 수험생처럼 일할 때도 요구된 답을 도출하는 데만 집중한다면, 그 순간에는 좋은 평가를 받을 수 있을지도 모릅니다. 그렇지만 이런 방식으로는 독창적인 것을 새로이 만들어낼 수 없습니다.

때때로 제대로 된 평가를 받지 못하는 순간이 있더라도, 평가와 가치가 늘 일치하지 않는다는 사실을 명심해야 합니다. 다른 사람의 기준에 흔들리지 않는 용기를 갖는 것이 중요합니다.

타당한 지적은
받아들여라

타인의 평가와 관련하여 덧붙일 말이 있습니다. 만약 어떤 일에 대해 다수가 부정적인 평가를 내렸다면, 그 의견이 일리 있을 가능성도 고려해 봐야 합니다. 타당한 지적이라면 겸허히 받아들이고, 다시 고려하려는 자세가 필요합니다.

자신의 발언과 행동이 타인에게 어떻게 보일지 살피는 일 또한 필요합니다. 누구의 의견도 들으려 하지 않는 독단적인 사람이 되어서는 안 됩니다.

상사가 부하 직원의 의견을 전혀 듣지 않으려고 한다면, 부하 직원은 얼마나 힘들까요? 누구든 실수는 할 수 있고, 상사라고 해서 예외는 아닙니다. 부하 직원은 그 점에 대해 의견을 낼 수 있습니다. 그런데 이를 자신에 대한 비난이나 질책으로 받아들이고, 심지어 비방으로까지 해석하는 상사도 있지요.

특정 실수 하나가 아니라, 평소 부하 직원을 대하는 태도나 접근 방식에 대한 개선을 요구받았다면, 당장은 인정하기 어렵더라도 왜 그런 의견이 나왔는지, 자신의 말과 행동에 문제가 없었는지 돌아볼 필요가 있습니다.

미키 기요시는 이렇게 말했습니다.

반성은 겸허한 마음을 가졌을 때에만 가능하다.

_미키 기요시의 《말해지지 않은 철학語られざる哲学》

자신의 발언과 행동에 문제가 있다는 지적을 받았을 때는, 그 의견을 무턱대고 밀어내거나 반박하지 말고, 왜 그런 말이 나왔는지 먼저 겸허하게 돌아봐야 합니다.

하지만 독단적인 사람은 대개 이런 말을 들으면 비판은 들을 필요가 없다고 일축해 버리고 맙니다. 그러다 더는 물러설 곳이 없을 만큼 궁지에 몰린 뒤에야 겨우 자신의 언행에 문제가 있었음을 마지못해 인정합니다. 마치 남의 일처럼 굴며 "뭐, 그렇게까지 문제라고 느끼는 사람두 있는 무양이지요"라고도 말합니다. 지적의 핵심을 받아들이거나 자신을 고치려 하기보다는 끝까지 남들이 어떻게 생각할까만 신경 쓰는 것이지요.

자신이 옳다고 믿는 한 겸허한 마음은 싹트지 않습니다. 다른

사람의 관점이 맞을지도 모른다는 가능성을 인정해야 합니다. 그렇게 할 때, 미처 보지 못했거나 인정하기 싫었던 있는 그대로의 자신을 돌아보고 받아들일 수 있습니다.

타인의 시선을 지나치게 의식해서도 안 되지만, 자신의 옳음에만 매달려서도 안 됩니다. 겸허함을 잃지 않으면서도 자기 신념을 바탕으로 행동하는 것. 그 균형을 맞추는 것이 중요합니다.

기대를 벗어던지면
자유로워진다

늘 승승장구해 온 사람일지라도 큰 실패를 경험하거나 자신보다 더 뛰어난 사람을 만나게 되면 자신감을 잃기도 합니다.

아들러는 이렇게 말했습니다.

사춘기에는 이미 형성된 경향에서 뚜렷한 반전이 나타난다. 기대받으며 자라온 아이들이 공부나 과제에서 실패하기 시작한다. 반대로 재능이 없다고 여겨졌던 아이들이 능력을 발휘하기 시작한다. 이는 이전의 상황들과 무순되지 않는다. 아마 매우 전도유망하던 아이가 짊어진 기대를 버거워한 결과일지도 모른다.

_《다시 일어서는 용기》

어려서부터 성적이 뛰어난 사람이 있습니다. 이런 사람은 늘 자신만만해서 '실패' 같은 건 생각조차 하지 않을까요? 그렇지는 않을 겁니다. 언제 '역전당할지' 몰라 전전긍긍해한다고 앞서도 말했습니다.

뛰어난 아이들은 학습 과정에서 이러한 역전극이 펼쳐질 수 있다는 사실을 잘 알고 있습니다. 따라서 겉으로는 자신감이 넘쳐 보여도, 경쟁에서 질 수 있겠다는 예상이 조금이라도 들면 불안한 마음에 노력하는 것을 그만두기도 합니다.

이때 아이들의 불안은 단순히 경쟁에서 지는 것에 그치지 않습니다. 동생이 더 잘하면 부모의 시선이 달라질까 봐, 혹은 똑똑한 아이로 여겨졌던 자신이 이제 그 기대에 부응하지 못할까 봐 걱정이 됩니다. '나한테 건 기대가 무너질지도 몰라' 하는 두려움에 짓눌리게 됩니다.

결코 실패하지 않는 아이는 없습니다. 그렇지만 공부를 잘해야 한다는 부모나 주변 어른들의 기대는 아이에게 강한 압박으로 작용합니다. 기대에 부응하지 못하면 사랑을 잃을지도 모른다는 두려움이 생기니까요.

어렸을 때는 우수한 성적으로 부모의 기대를 충족시켰을지도 모릅니다. 그렇다고 해서 어른이 된 후에도 똑같이 타인의 기대를 충족시킬 수 있는 것은 아닙니다. **할 수 있는 것은, 타인의 기대를 채우기 위해 일하는 것이 아니라는 사실을 아는 것뿐입니다.**

기대를 저버리면 안 된다는 생각은 때로 일에 집중하기 힘들 만큼 중압감을 줍니다. 굳이 다른 사람의 기대를 저버릴 필요는 없지만, **열심히 일하거나 공부하면 될 뿐이지 다른 사람의 기대에 어떻게 하겠다는 생각은 하지 않아도 됩니다.**

정확하게 말하자면, 다른 사람의 기대에 부응하지 못할까 봐 일을 미루거나 회피하는 것을 정당화해서는 안 됩니다. 다시 한 번 아들러의 말을 떠올려봅시다.

지지받고 칭찬받고 있는 동안에는 앞으로 나아갈 수 있었다. 그러나 스스로 노력해야 하는 때가 오면 용기는 꺾이고 물러서게 된다.

여기서 말하는 '스스로 노력해야 하는 때'란 더 이상 격려나 칭찬 같은 외부 자극이 주어지지 않는 순간을 말합니다.

누군가의 지적이나 간섭을 받지 않고도 스스로 결정하고 공부하고 행동하는 것. 이것이 바로 자립입니다. 그런데 부모가 계속 칭찬으로 아이에게 동기 부여를 하면, 아이는 칭찬을 들을 때만 행동하게 됩니다. 부모로서는 칭찬을 아끼기 어렵겠지만, 이런 방식은 오히려 아이의 자립을 방해할 뿐입니다.

일이라고 해서 크게 다르지 않습니다. 누가 보고 있든 말든,

자신의 판단으로 해야 할 일은 무궁무진합니다. 누군가가 지켜보고 있는지, 칭찬해 주는지, 인정해 주는지와 상관없이 계속 노력해야 합니다.

더 나은 방향으로
이끄는 협력

일을 할 땐 스스로 결정해야 할 문제는 스스로 결정하고, 그 결정에 따른 책임은 자신이 지겠다는 각오가 필요합니다. 그런 의미에서 일은 본질적으로 혼자 하는 성질의 것입니다. 자신의 결정으로 좋은 성과를 냈다면 능력을 제대로 발휘한 것이고, 기대에 미치지 못하는 결과가 나왔다면 그에 대한 책임 또한 온전히 자신에게 있지요.

물론 모든 일을 혼자 할 수는 없습니다. 다른 사람의 협력이 필수적인 일도 있고, 팀 단위로 움직이지 않으면 진행되지 않는 일도 많습니다. 다만 협력의 가치를 지나치게 강조하다 보면, 기대한 성과가 나오지 않았을 때 책임의 경계가 흐려지는 문제가 생기기도 합니다. 여러 사람이 함께 논의해 결정한 일이라고 해도, 최종 결정에 자신이 참여했다면, 결과가 좋지 않다고 해서 책임을 남에게 떠넘길 수는 없습니다.

아들러식 심리 상담 중에 '공동 상담'이라는 방식이 있습니다. 한 내담자에게 두 명 이상의 상담사가 참여하는 방식으로, 내담자 앞에서 각자의 의견을 제시하고 해석을 나누는 구조입니다. 각 상담사의 생각이 명확하다면 내담자와 함께 그 생각들을 검토하고 더 나은 방향을 찾을 수 있을 겁니다. 그러나 그렇지 않다면 다른 상담사의 생각에 기대게 되고, 결국 내담자에게도 뚜렷한 방향을 제시하지 못하게 되겠지요.

그런 까닭에 혼자 일하는 편이 더 낫다고 느껴질 때가 있습니다. 그렇지만 혼자서 하다 보면 시야가 좁아져 잘못된 결정을 내릴 때도 있고, 그걸 깨닫지 못하는 경우도 생깁니다. 상사가 부하 직원의 오류를 잡아주거나, 반대로 부하 직원이 상사의 실수를 짚어주는 일 또한 협력의 한 형태입니다.

다른 사람의 개입으로 일이 더 수월해지는 경우도 있습니다. 기본적으로 혼자 해야 하는 일이라도, 간혹 누군가가 툭 던진 의견이 계기가 되어 돌파구가 열리기도 합니다. 다만 다른 사람의 의견을 참고해 결정을 내렸더라도, 그 결과에 대한 책임은 최종적으로 자기 자신에게 있다는 점을 염두에 둬야 합니다.

혼자 한 일이 아닌데 혼자서 해낸 것처럼 구는 것도 피해야 합니다. 저 같은 경우는, 원고를 쓰는 것은 제 몫이지만 책이 출간되기까지는 편집자의 역할이 필수적입니다. 편집자가 없는 책은 존재할 수도 없고, 편집자 혼자서 책을 만들 수도 없습니다. 이를 알면서도 때때로 편집자의 지적을 받아들이기 힘들 때가 있습니다. "그러면 직접 써보시든가요." 저자가 이런 말을 절대로 해서는 안 되겠지만, 솔직히 마음 한구석에서 이런 생각이 스칠 때도 있습니다.

편집자와 저자 관계에만 해당되는 일이 아닙니다. 함께 일을 할 때에는 각각이 자립한 상태에서 협력해 나가는 것이 필요합니다. 그래야 진정한 협력이라 할 수 있습니다. 한쪽이 지나치게 의존하게 되는 순간, 그 균형은 깨집니다.

저는 원고가 거의 완성될 때까지 혼자 쓰는 경우가 많은데, 때로는 그전에 좀 더 빨리 편집자에게 보여주고 의견을 들었으면 좋았겠다는 생각이 들기도 합니다.

제가 편집자의 의견을 듣는 것을 주저한 까닭은, 제 생각이 완전히 정리되기도 전에 의견을 구하면 원고의 흐름이 흔들릴지 모른다는 걱정 때문이었습니다. 그런데 이번 원고를 집필하면서 알게 되었습니다. 그 이면에는 편집자의 의견을 평가처럼 생각해서 불안한 마음이 있었구나 하는 것을요. 좋은 평가를 받지 못하면 어쩌나 싶어서 그랬던 겁니다.

편집자에게는 전혀 그런 의식이 없었겠지만, 제 스스로 '조금 더 완성된 상태로 보여주면 더 좋은 평가를 받겠지'란 생각에 선뜻 의견을 구하지 못했습니다. 그렇게 혼자 끌고 가다 보니 오히려 방향을 잃을 때도 있었고, 그럴 때면 제 머릿속에서 가상의 편집자와 실랑이를 벌이며 스스로를 몰아세우곤 했습니다.

냉정하게 생각하면, 자존심을 내려놓고 좋은 책을 쓰는 일에만 집중해야 하겠지요. 이제는 저보다 나이가 많은 편집자를 만날 일이 거의 없고, 젊은 편집자가 내 생각을 뒤흔들 만큼 유능하다고 느껴질 때도 있습니다.

협력하는 것은 혼자 힘으로는 부족하기 때문이지, 다른 사람에게 의존하기 위함이 아닙니다. **협력한다고 해서 자신에게 능력이 없다고 할 수는 없습니다.** 각각의 힘을 모은다면 혼자서는 할 수 없는 일을 온전히 해낼 수 있습니다.

도움이 되는
좋은 일 하기

젊었을 때는 그저 시키는 일만 하던 사람이라도, 시간이 흐르면서 결국 스스로 납득할 수 있는 일이 아니면 만족하기 어려워집니다. 시키는 대로만 해서 결과를 내서도 안 되고, 결과가 좋다고 해서 무엇이든 해서는 안 됩니다. 어떤 것을 좋은 결과라고 해야 할지 고민해야 합니다.

수치로 명확하게 드러나는 성과도 있습니다. 출판사라면 베스트셀러를 만드는 것이 중요하고, 그런 책을 담당한 편집자가 유능하다고 여겨지겠지요. 그렇다고 많이 팔린 책이 반드시 좋은 책이라고 할 수는 없습니다. 우연히 베스트셀러가 될 수는 있어도, 베스트셀러라는 이유만으로 그 책이 양서인 것은 아닙니다.

저 역시 제가 쓴 책이 많은 독자에게 선택받으면 좋겠습니다. 그렇지만 그보다는 제 책이 꼭 필요한 사람에게 닿아 삶을 다시 바라볼 수 있는 계기가 되기를 바랍니다. 책에는 인생을 바꾸는 힘이 있습니다. 저자로서 그런 책을 쓰고 싶다는 바람을 늘 품고 있습니다.

이런 마음을 미뤄둔 채 단지 팔릴 만한 책을 목표로 삼는다면, 설령 책이 잘 팔린다고 하더라도 양심적인 작가는 만족할 수 없을 겁니다. 아무리 많이 팔려도 읽은 사람에게 어떠한 감흥도 남기지 못한다면 의미가 없기 때문입니다.

그런 책이 베스트셀러가 되리라고 생각지는 않지만, 다른 출판사와의 경쟁에서 이기기 위해 팔리는 책을 만들고 싶다고 생각하는 저자나 편집자도 있을 수 있습니다. 이런 마음은 결국 '개인적 우월성 추구'에 지나지 않습니다. 더 큰 공동체를 위한 마음으로 책을 쓰는 것이야말로 진정으로 의미 있는 일입니다. 그래야만 자신이 매달리고 있는 이 일이 가치가 있다고 느낄 수 있습니다.

다른 일들도 마찬가지입니다. 아무리 회사에 큰 이익을 가져다준들 그 결과가 사회 전체에 부담이나 피해를 준다면, 그 일을 옳다고 말할 수는 없습니다.

좋은 일이란 그냥 시키는 대로 하는 일도, 그저 자신을 위해서만 하는 일도 아닙니다. **어떤 형태로든 누군가에게 도움이 되는**

일이 가치 있는 일입니다. 이런 마음이 받쳐주지 않는다면 아무리 눈에 띄는 성과를 거두었다고 해도 좋은 일이라 할 수는 없습니다.

일이 가치 있는 일입니다. 이런 마음이 받쳐주지 않는다면 아무리 눈에 띄는 성과를 거두었다고 해도 좋은 일이라 할 수는 없습니다.

나만이
할 수 있는 일

저는 앞에서 '특별하지 않아도 되지만, 똑같아서는 안 된다'고 말했습니다. 그런데 자신이 그 누구도 대신할 수 없는 존재라고 지나치게 강조하면, 결국 스스로를 특별하게 여기고 맙니다.

대부분의 일이 누군가가 대신할 수 있어야 유지됩니다. 병으로 쉬는 직원의 업무를 맡아줄 동료가 필요하고, 퇴사자의 업무를 인계받을 사원도 필요합니다.

물론 그 모든 상황이 완벽하게 대체될 수는 없겠지만, 대신 해줄 사람이 없다면 휴가도 낼 수 없고, 퇴사자가 발생했을 경우 업무가 잘 진행될 수도 없을 겁니다. 후임자를 키운다는 것은 결국 어느 특정한 사람만이 할 수 있는 일이 아니라는 전제를 바탕으로 합니다.

그렇다고 자신만의 역할이 전혀 없다는 뜻은 아닙니다. 같은 일을 맡더라도 일에 대한 접근 방식과 진행 방법은 사람마다 다릅니다. 매뉴얼에 따라야 하는 절차가 있다고 해도, 상황에 맞는 판단과 임기응변, 각자가 쌓아온 노하우는 분명 필요합니다.

바로 여기서 일의 보람이 생깁니다. 자신의 재량에 따라 처리할 수 있기 때문입니다. 자신이 아니더라도 누구나 다 할 수 있는 일이라면 의욕이 솟지 않지요. 물론 모든 결정을 혼자서 내릴 수는 없습니다. 그렇지만 모든 일을 상사의 지시에 따라야만 한다면 일하는 게 재미있을 리가 없습니다.

이 매뉴얼화되지 않은 **자신만의 독특한 업무 방식을 다른 사람에게 알려준다고 해서 자기 방식의 독창성이 사라지는 것은 아닙니다.** 방식이 같다고 해서 똑같이 할 수 있는 것도, 똑같은 결과가 나오는 것도 아니기 때문입니다.

기준 없이 일을 진행할 수는 없기에 일정 수준의 매뉴얼은 필요합니다. 하지만 다른 사람의 방식을 그대로 모방하는 것만으로는 창의적인 일을 할 수 없습니다.

'독창적'이라고 해서 다른 사람이 전혀 하지 않는 일을 해야 한다는 뜻은 아닙니다. 많은 사람이 쌓아온 지식과 경험 위에 약간의 변주만 해도 됩니다. 그것이 창의성의 시작입니다.

독창적인 사유와 해석으로 유명한 일본의 대표적 철학자 우메하라 다케시梅原猛는 젊은 시절 그리스 철학을 공부하며 사유의 기반을 다졌습니다. 그가 제출한 대학 졸업 논문을 읽은 지도교수 다나카 미치타로田中美知太郎는 이렇게 평가했습니다.

"이 논문은 히나인레겐hineinlegen이다. 고전 해석은 아우스레겐auslegen이어야 한다."

두 단어 모두 독일어로 hineinlegen은 '자신의 감정이나 생각을 문헌에 투영한다'는 뜻이고, auslegen은 '문헌 속에서 의미를 끌어낸다'는 뜻입니다.

다나카는 우메하라에게 자신의 사상을 문헌 위에 덧씌우지 말고, 문헌이 스스로 드러내는 의미를 따라가야 한다고 말한 것입니다. 우메하라는 자신의 저서《웃음의 구조笑いの構造》에서 이 평가가 타당하다고 인정하면서 "타인의 철학을 객관적으로 이해하기보다는 나의 생에 대한 확증을 찾는 데 급급했다"라고 말했습니다. 이후 우메하라는 이 방식으로 다나카와는 다른 연구 분야를 택해 독자적인 길을 걷게 되었습니다.

저도 나중에 같은 연구실에서 그리스 철학 문헌을 원어로 읽으며 공부했습니다. 한 글자, 한 문장을 정확히 해석하는 것이 무엇보다 중요했고, 제 나름의 해석을 보태는 일은 허용되지 않았습니다.

저도 젊었을 시절에는 더 자유롭게 사고하고 싶었기에 우메하라의 말에 깊이 공감했습니다. 하지만 시간이 지나면서 깨달게 되더군요. 아무런 기반 없이 자유롭게 생각할 수는 없으며, 철학서를 읽는 것은 그 틀 속에서 사고하는 법을 익히는 것이 중요하다는 것을요.

이는 새가 진공 상태에서는 날지 못하는 것과 같습니다. 새는 바람이라는 저항이 있어야 비로소 날 수 있습니다. 연구도 마찬가지입니다. 아무것도 없는 상태에서는 독창성이 생겨나지 않습니다.

다른 사람과 다르게 하는 것에만 중점을 두면, 자신만의 진정한 독창성은 발휘할 수 없습니다. 다른 사람과 다르게 하는 것이 중요한 게 아닙니다. 그렇게 하는 것은 개인적 우월성 추구에 불과합니다.

어떤 일을 하든, 자신만이 가능한 일을 하려고 할 때에는 자신의 뛰어남을 과시하기보다는 어떻게 해야 다른 사람에게 도움을 줄 수 있을까를 염두에 둬야 합니다. 단순히 주어진 일을 처리하는 데 그치지 않고 **함께 일하는 사람에게 어떻게 공헌할 수 있을까를 생각한다면, 정해진 절차가 있는 일이더라도 날마다 새롭게 임할 수 있습니다**

독창성이란 다른 사람과 다른 것을 하는 게 아니라, 가치를 창출해 내는 것입니다. 새로운 발상이나 아이디어는 타인과 사회에 대한 공헌을 의식할 때 생겨납니다. 익숙한 구조와 절차 속에 자신만의 관점과 방법을 더할 때, 그 일은 비로소 자신만이 할 수 있는 독창적인 일이 됩니다.

이렇게 공헌감을 바탕으로 일하는 사람은 자기 존재에 자신감을 가지게 되고, 자기 일에 가치를 느끼게 됩니다. 공헌감은 '특별하지 않아도 괜찮아, 지금의 나 그대로도 괜찮아'라고 여길 수 있는 밑거름이 되어줍니다.

내면의 촉구를
따라라

군사학교에 다니던 청년 프란츠 크사버 카푸스Franz Xaver Kappus가 자신의 자작시를 라이너 마리아 릴케에게 보내 비평을 구했습니다. 이에 릴케는 앞으로 이런 일은 절대로 하지 말라며 밤의 가장 고요한 순간에 자기 자신에게 이렇게 물어보라고 조언했습니다. "나는 쓰지 않고서 견딜 수 있는가?"

이 질문에 "쓰지 않고서는 견딜 수 없다"라는 대답이 나온다면 "그 필연성에 순응해 당신의 삶을 세워가라"라고 말했습니다(라이너 마리아 릴케의 《젊은 시인에게 보내는 편지》).

여기서 릴케가 "쓰지 않고서는 견딜 수 없다(독일어 원문은 '써야만 한다Ich muß schreiben')"라고 한 것은, 의무감에 쓰는 것이 아니라 **내면적인 촉구에 따라 쓴다**는 뜻입니다. '쓰지 않고서는 견딜 수 없다'면 쓸 수밖에 없습니다. 그 시가 팔리느냐, 안 팔리느냐는 부차적인 문제입니다. 팔리지 않는다고 쓰지 않는다면, 그건 이미 내면의 촉구에 따라 쓴 시가 아니지요.

또한 릴케는 카프스에게 자신의 시를 다른 사람의 시와 비교하는 일, 출판사에 보냈다가 출간을 거절당할까 봐 불안해하는 일 등을 전부 그만두라는 조언도 덧붙였습니다.

시를 내면의 촉구나 '필연성'에 따라 쓴다면, 즉 쓰지 않고서는 견딜 수 없다면 다른 사람의 평가는 아무래도 상관없습니다. 누가 뭐라 하든 거기에 일희일비할 필요가 없지요.

그렇다고 해도 사람들의 평가에 신경이 쓰일 수밖에 없습니다. 저 역시 시인은 아니지만, 앞에서도 말했듯이 원고를 편집자에게 보냈다가 거절당할까 봐 불안한 마음이 들 때가 있습니다. 그런데 릴케는 그러한 행위 자체를 그만두라고 조언하고 있습니다.

시를 쓴다고 해서 모두 성공하는 것은 아닙니다. 릴케 자신도 쓰지 않고서는 견딜 수 없었기에 시를 썼을 겁니다. 그런데 릴케의 시집은 잘 팔리지 않았습니다. 카푸스에게 자신의 시집을 보내주고 싶어도 돈이 없어 어렵다며, 서점에서 보이면 사 달라고 편지에 적을 정도였지요.

'이 시가 팔릴까?' 이런 생각이 드는 순간 그 삶은 쓰지 않고서는 견딜 수 없는 필연성에서 벗어나고 맙니다.

'천직天職'이라는 말이 있습니다. 영어로는 '콜링Calling', 독일어로는 '베루프Beruf'라고 합니다. 다들 알다시피 '신이 불러서 맡긴 소명'을 뜻하지요. 물론 종교가 없다면 문자 그대로 신의 부름을 받았다고 여기지는 않을 겁니다. 그럼에도 사명감을 가지고 일에 매진해 본 경험이 누구에게나 있을 겁니다.

'책임'을 뜻하는 영단어 '리스폰서빌러티responsibility'에는 '응답하다response'와 '능력ability'이라는 의미가 들어 있습니다. 자기 일을 천직이라고 여기는 사람은 "이 일은 누가 맡겠습니까?"라는 질문에 "제가 하겠습니다"라고 응답합니다. 부름에 응한다는 의미에서 진정으로 책임감이 있다고 볼 수 있지요. 이렇게 자발적으로 맡은 일이 바로 천직이 되는 겁니다.

단순한 의무감에서가 아니라, 내면적인 촉구에 따라 기꺼이 맡은 일이라야 천직이라 할 수 있습니다. '이 일은 내가 해야 한다'는 마음은 의무감이 아니라 사명감이나 내면의 강한 동기에서 비롯됩니다.

하지만 어떤 일을 적극적으로 맡아서 해낸다고 해도 그것을 천직이라 느끼지 못할 때가 있습니다. 프랑스의 가톨릭 철학자 장 기통Jean Guitton은 이를 '천직'과 '야심'으로 구분하며, 지금 나는 이느 쪽을 따르려고 하는지 스스로에게 물어야 한다고 말했습니다.

야심은 불안입니다. 천직은 기대입니다. 야심은 두려움입니다.

천직은 기쁨입니다. 야심은 계산하고 실패합니다. 야망의 모든 실패 중에 가장 화려한 것이 성공입니다. 천직은 자연스러운 흐름에 자신을 맡기는 일이며, 그러면 모든 것이 자연스럽게 따라옵니다.

_장 기통의 《나의 철학 유언Mon Testament Philosophique》

야심이 불안이고 두려움인 이유는 타인의 인정을 갈망하기 때문입니다. 이런 사람은 자신의 야심을 자랑스럽게 드러내며 그 마음을 아름다운 말로 포장하려 합니다(아들러의《아들러의 인간이해Menschenkenntnis》). 하지만 속으로는 자기 능력이 부족해 노력해도 좋은 결과를 내지 못할까 봐 늘 불안해합니다. 이런 식의 야심은 결국 자신을 돋보이게 하려는 '허영심'에 불과합니다.

아들러는 "허영심은 인간에게 올바른 방향을 제시하지 못하며, 유용한 업적을 남기지도 못한다"라고 말했습니다(《아들러의 인간이해》). 유용한 업적이란 자신이 소속된 회사뿐만 아니라 더 큰 공동체에 기여하는 활동을 말합니다. 오로지 인정받기 위해서 한 일이라면 성공을 거두었다고 해도 유용한 업적이라 할 수 없습니다. 그것은 허영심의 결정체에 불과합니다.

독자 여러분은 지금 어떤 일을 하고 있습니까? 그리고 앞으로는 어떤 일을 하려고 합니까? 그것을 과연 '천직'이라 할 수 있습니까?

6장

있는 그대로의 나로부터 시작하기

지금의 내 모습을
직시해라

공부든 일이든, 아무것도 하지 않으면 아무것도 이룰 수 없습니다. 따라서 노력해야 합니다. '특별하지 않아도, 평범해도 괜찮다'라는 말에 거부감을 느끼는 사람은 있는 그대로의 자신, 평범한 자신을 받아들이면 노력하지 않을까 봐 걱정되기 때문입니다.

처음부터 모든 것을 알고 있는 사람은 없습니다. 학생 때뿐만 아니라 사회에 나온 이후로도 계속 배우려고 노력해야 합니다. 젊을 때 습득한 지식이 쓸모없어지기도 하지요.

지금 있는 그대로의 자신이 모르는 것이 있는 상태임을 인정하는 일은, 그러한 현실을 받아들이고 그 지점에서 시작하겠다는 의미입니다. 지금도 여전히 모르는 것이 있다는 사실을 인정하는 데서 출발해야 합니다. 모르는 것이 있다고 해서 아무것도 하지 않는 사람은 없을 겁니다.

그런데 자신이 특별하다고 생각하는 사람들 중에는 모른다는 것을 인정하기 싫어하는 사람이 있습니다. 모른다는 사실을 인정하는 데에는 용기가 필요하지만, 모른다는 사실을 알고 있기에 더 배우고자 노력하게 되지요. 하지만 이미 알고 있다고 믿으면 더 배우려 하지 않게 되고, 결국 성장하지 못하게 됩니다.

자신이 뛰어나다는 확신을 하지 못해 지나치게 애쓰는 사람도 있는 그대로의 자신을 받아들이기 어려워합니다. 다른 사람의 평가에 민감하게 굴고, 다른 사람에게 어떻게 보일지 지나치게 신경을 쓰지요. 이런 사람도 지금 자신의 능력을 객관적으로 살펴보고, 타인의 시선을 의식하는 일 없이 필요한 노력을 해야 합니다.

자신이 모르는 것을 보고 다른 사람들이 어떻게 생각하는지 신경이 쓰이기도 하지만, 사실은 그 현실을 인정하고 싶지 않은 마음이 더 큽니다. '모르는 나', '공부나 일을 잘 못하는 나'를 받아들이고 싶지 않은 것이지요.

수험생 시절에는 모의고사를 자주 봅니다. 저도 그랬습니다. 지망하는 대학에 합격할 가능성을 가늠해 보기 위해서지요. 그렇지만 모의고사를 치르는 목적이 이것뿐만은 아닙니다. 시험을 보고 나면 내가 어느 부분이 부족한지 잘 알 수 있습니다.

그런데도 저는 모의고사를 보고 나면 채점하기가 망설여졌습니다. 낮은 점수가 나올지도 모른다는 생각에 두려웠습니다. 결과를 마주하는 일이 무서워서 시험지를 펼치지도 못했으니 성적이 더 좋아질 리가요.

반 친구들은 대부분 시험이 끝나자마자 바로 채점에 들어갔습니다. 낮은 점수가 나오면 냉정하게 자신의 부족한 부분을 파악해 보완해 나갔습니다. 모의고사를 통해 자신의 부족한 부분을 아는 것은 원하는 대학에 가기 위해 꼭 필요한 과정임을 알고 있었던 것이지요.

공부를 잘해 특별하고 싶었던 저는 현실의 나를 받아들일 용기가 없었습니다.

모른다는 사실을
인정해라

자신이 모르는 것이 있다는 사실을 인정하는 사람만이 배우려고 합니다.

'철학'은 고대 그리스어로 '필로소피아philosophia'라고 합니다. '지혜sophia를 사랑한다philo'는 뜻입니다.

지혜를 사랑하는 사람, 즉 애지자愛知者는 흔히 말하는 지식인과는 다릅니다. 아무것도 모르는 사람(무지자無知者)은 배우려 하지 않고, 모든 것을 알고 있다고 믿는 지식인(지자知者) 또한 배우려 하지 않지요.

지혜를 사랑하는 사람은 아무것도 모르는 사람과 지식인의 중간에 자리합니다. 따라서 모르는 것은 기꺼이 알고자 합니다. 다시 말하지만, 모른다는 것은 열등한 것이 아닙니다. 오히려 모르는 것을 알고자 하는 마음이 지혜를 사랑한다는 철학의 본래 의미에 더 가깝습니다.

자신이 모른다는 사실을 아는 사람은 겸허해질 수 있습니다. 겸허하지 않은 사람은 안다는 사실이 자신이 뛰어나다는 증거라고 여깁니다. 이런 사람에게 지식은 다른 사람보다 앞서기 위한 도구가 되고, 자신이 더 뛰어나다는 것을 과시하는 수단이 됩니다. 따라서 자신보다 폭넓은 지식을 가진 사람을 보게 되면 열등감을 느낍니다. 모르는 것이 있으면 감추려고 하고, 잘 알지도 못하면서 아는 척을 하기도 합니다.

배우면
할 수 있다

지금까지 알지 못했던 것을 배워야겠다는 생각이 들면, 그냥 배우면 될 일입니다. 부족한 부분이 있으면 채워 넣는 수밖에 없습니다.

세상에는 세 가지 일이 있습니다. '해야 하는 일'과 '하고 싶은 일' 그리고 '할 수 있는 일'입니다. 실행할 수 있는 건 결국 '할 수 있는 일'뿐입니다.

새로운 일을 시작할 때는 그에 필요한 지식을 갖춰야 합니다. 아무것도 모른다고 해서 "몰라서 할 수 없습니다"라고 말할 수는 없습니다. 이런 때야말로 배우려는 노력을 해야 합니다. 아무리 열망이 크다고 해도 지금 당장 실행 가능한 것은 자신이 할 수 있는 일뿐입니다.

지금의 나로서는 감당하기 어려워 보이는 과제가 있고, 그에 대한 지식이 부족하더라도, 할 수 없다는 이유로 멈춰 서 있기보다는 할 수 있는 것부터 조금씩이라도 해나가야 합니다.

공부를 하면 처음의 무지한 상태에서 벗어날 수 있습니다. 아무것도 하지 않으면 실력은 늘지 않습니다. 일도 마찬가지입니다. 입사 초기에는 모르는 것투성이일지라도 조금씩 배워나가면 됩니다. 처음부터 나는 할 수 없다거나 다른 사람에게 뒤처진다고 생각해서 아무것도 하지 않는 것보다는, 조금이라도 할 수 있는 것부터 시작하면 예상보다 훨씬 많은 일을 해낼 수 있습니다.

그런데도 처음부터 어떻게 해야 할지 모르겠다며 포기하는 사람은, 실제로 능력이 부족해서 그런 것이 아닙니다. 할 수 없다는 생각이 노력 자체를 안 하게 만드는 것이지요.

열심히 하면 100점은 못 받더라도 60점은 받을 수 있습니다. 그런데 100점을 받지 못한다면 차라리 하지 않겠다는 사람이 있습니다. 아들러의 표현을 빌리자면 '모 아니면 도'라는 식이지요 《알프레드 아들러, 교육을 말하다》). 즉 완벽하게 할 수 없다면 시도조차 않겠다는 겁니다. 배우면 할 수 있습니다. 이는 매우 단순한 사실입니다.

틀려야
몸에 새겨진다

무엇이든 배우기 시작하면 처음에는 모르는 것이 많아서 틀리는 게 당연합니다. 모른다고 해서 열등한 것은 아닙니다.

저는 대학에서 그리스어를 가르쳤다고 했습니다. 영어 표현 중에 그리스어와 관련된 표현이 하나 있습니다. "It's Greek to me." '그건 그리스어 같아서 하나도 모르겠다'라는 뜻입니다. 이렇듯 그리스어는 종종 난해한 언어의 대명사로 쓰입니다. 이런 언어라면 처음 배우는 사람이 틀리거나 헤메는 것은 매우 당연하겠지요.

저는 교재 연습 문제의 그리스어 문장을 일본어로 번역하게 하고, 틀린 부분을 짚어주는 방식으로 강의를 진행했는데, 앞서 말한 것처럼 자기 차례가 되었는데도 번역하지 못한 학생이 있었습니다. 그 이유를 묻자 학생은 이렇게 답했습니다. "틀려서 못하는 사람으로 보이고 싶지 않아서요."

저는 약속했습니다. "틀리더라도 못하는 학생이라고 여기지 않을게요." 그러자 다음 시간부터 그 학생은 틀리는 것에 위축되지 않고 입을 열게 되었고, 실력도 놀랄 만큼 빠르게 늘었습니다. 외국어를 공부해 본 사람이라면 잘 알 겁니다. 틀렸을 때 제대로 배우게 된다는 사실을 말이지요.

어쩌면 그 학생은 그런 경험, 문장이 잘 읽히지도 않고 잘 이해되지도 않는 순간을 처음 맞이한 것인지도 모릅니다. 교수에게 어떻게 보일지를 걱정했다는 사실은 '못하는 사람으로 보이고 싶지 않았다'라는 말에서도 드러납니다. 틀리는 것이 당연한 상황에서도 같은 강의를 듣는 다른 학생들이 아무렇지 않게―실제로는 그렇지 않았더라도―답하는 모습을 보며 스스로 뒤처졌다고 생각한 겁니다.

그와 동시에 동생이 태어난 맏이의 기분을 느꼈을지도 모릅니다. 교수가 어떤 우수한 학생을 편애하지는 않았겠지만, 지금까지 늘 잘한다는 평가를 받고 주목받아 왔는데, 그 순간 자신의 위치가 흔들리는 듯한 느낌이 들었겠지요.

학교에서 다른 친구들보다 잘하고 싶고 교사한테 인정받고 싶은데, 친구들에게 뒤처지는 느낌이 들고 교사의 기대에 못 미친다는 느낌이 들면 공부하는 것을 그만두게 됩니다. 하지만 정말 중요한 것은 능력을 키우는 일입니다. 교실에서 다른 친구들과 함께 배우다 보면 아무래도 비교하게 되는 면이 있습니다만, 빨리 배우는 사람이 있는가 하면 천천히 배우는 사람이 있을 뿐 어느 쪽이 더 뛰어나다고 할 수는 없습니다.

이 학생처럼 과제를 앞에 두고 멈춰 서는 것은 모르는 것이 있다는 사실이 드러날까 두렵기 때문입니다. 하지만 **배움이란 '모르는 자신'과 마주하며 성장하는 과정입니다. 실패를 두려워하지 않고 한 걸음 내딛는 것이 가능성을 넓히는 유일한 방법입니다.**

'알고 있다'는
확신을 경계해라

언젠가 의사에게 처방받은 약이 오래 복용해 온 심장약과 함께 먹으면 문제가 생긴다는 사실을 알게 되어 의사에게 약을 바꿔 달라고 요청한 적이 있습니다. 새 처방전을 받아 약사에게 전달하며 그 이유를 설명하자, 약사가 "그런 말은 처음 듣는데요? 문제없습니다"라고 말해서 당황했던 기억이 있습니다.

요즘은 인터넷으로 정보를 쉽게 찾을 수 있습니다. 약도 그렇습니다. 하지만 온라인 정보가 모두 정확한 것은 아닙니다. 결국 우리는 전문 지식을 가진 의사나 약사를 믿고 따를 수밖에 없습니다. 하지만 문제가 생겼을 때 곤란해지는 사람은 환자 자신입니다. 그렇기에 온전히 의사나 약사에게 맡겨둘 수는 없습니다.

처음에 의사가 제게 처방한 약은 흔히 쓰이는 것으로, 제 병에 대해서 모른다면 어떤 의사든 처방할 수 있습니다. 따라서 의사가 잘못했다고 할 수는 없습니다. 다만 약사가 제 설명에 납득하지 못했다면, 자신이 옳다고 할 게 아니라 제가 알아들을 수 있도록 근거를 가지고 설명했어야 합니다.

처음 듣는 말이었다면, 그 자리에서 두 약의 병용 금지 여부를 확인하는 것이 마땅했습니다. 그런데도 아무 검증 없이 문제없다고 단정하는 태도는 자신의 판단이 틀릴 가능성은 조금도 고려하지 않는 것처럼 보였습니다.

유능함에서 비롯된 자신감은 때때로 상대를 불안하게 만듭니다. 전문가라고 해서 자신의 지식이 절대적이라고 믿어서는 안 됩니다. 알고 있다는 확신이 더 많은 지식 추구를 멈추게 하고, 다른 사람의 의견에도 귀 기울이지 않게 합니다. **모르는 것이 있다고 여겨야 계속해서 배울 수 있습니다.**

진정으로 자신 있는 사람은 겸허합니다. 젊은 시절에 얻은 지식이 시간이 지나 쓸모가 없어질 때도 있습니다. 의학처럼 하루가 다르게 발전하는 분야는 어제까지는 맞았던 사실이 오늘은 아니라고 밝혀지기도 하지요. 자신의 오류를 인정한다고 해서 자신이 무능하다고 인정하는 것은 아닙니다. 오히려 올바른 지식을 얻기 위해 반드시 거쳐야 하는 과정입니다. 잘못을 인정할 수 있어야 더 깊이 배우고 성장할 수 있습니다.

모른다고 해서 결코 열등한 것이 아닙니다. 안다고 해서 우월한 것도 아니지요. 그저 다른 사람보다 먼저 배울 기회가 있었을 뿐입니다. 교사가 학생들보다 지식이 많은 것도 더 먼저, 더 오래 배울 수 있었기 때문입니다.

억지로 꾸밀
필요는 없다

학생들이 처음부터 모든 것을 완벽하게 이해하리라고 기대하는 교사는 없습니다. 그러니 자신의 부족함이 드러날까 봐 두려워할 필요도, 교사의 기대에 미치지 못할까 봐 걱정할 필요도 없습니다. 배울 때는 '내가 어떻게 보일까'를 지나치게 의식하지 않는 것이 더 중요합니다.

실제보다 더 잘 보이려는 마음은 결국 허영심에 불과합니다. 결과를 두려워하지 말고 있는 그대로의 자신을 받아들여야 합니다.

공부든 일이든, 아직 실력이 충분하지 않다면 노력하는 수밖에 없습니다. 지금 자신의 능력을 인정하고, 거기서부터 시작해야 합니다. 다른 사람들에게 더 잘하는 사람으로 보이고 싶고,

그렇게 보이는 데 성공했다면, 그 기대에 계속 맞춰나가야 한다는 압박감에 시달리게 됩니다.

고등학교 3학년 여름방학, 영어 작문 보충 수업을 받았던 때가 생각납니다. 먼저 선생님이 나눠주신 프린트에 있는 문장을 각자 영문으로 바꿔 쓰면, 이후 선생님이 지목한 학생이 나와 칠판에 답을 씁니다. 선생님은 그 답안을 가지고 어느 부분이 잘못되었는지 설명하고 문장을 수정해 주셨습니다.

어느 날 저는 프린트를 살펴보다가 선생님이 직접 만드신 문제가 아닐지도 모른다는 생각이 들었습니다. 제 생각이 맞는지 확인하기 위해 보충 수업이 끝나고 서점에 들러 여러 권의 영어 작문 문제집을 살펴보았습니다. 그리고 프린트에 있는 것과 똑같은 문제가 실린 문제집을 발견했습니다.

그 문제집을 산 저는, 다음 날 있을 작문 보충 수업 예습을 하다가 해답지를 보고 싶은 유혹을 느꼈습니다. 처음에는 안 된다고 생각했지만, '내가 먼저 작문을 한 뒤에 답안을 맞춰 보면 괜찮겠지'란 생각이 들어 그렇게 했습니다. 그런데 답안을 한 번 보기 시작하니 더 이상 안 볼 수가 없더군요. 답안을 참고해 제 작문을 수정하면서도, 그대로 베낀 건 아니니까 괜찮다고 스스로를 정당화했습니다.

다음 날 영작문 보충 수업, 선생님은 답안을 참고해 쓴 제 영작문을 고쳐주시지 않았습니다. 그리고 이렇게 말씀하셨습니다. "너 영어 잘하는구나." 영어는 곧잘 하는 편이었지만, 그 말을 듣는 순간 선생님의 기대에 부응해야 한다는 의무감을 느꼈습니다. 물론 선생님에게 영어를 잘한다고 인정받았다고 해서 영어 실력이 확 늘 리는 없었겠지만, 그때의 제게는 영어 잘하는 학생으로 보이는 일이 중요했습니다.

선생님에게 칭찬을 들었다고 해서 제가 영어를 잘한다고 과시하지는 않았습니다. 오히려 나 혼자서 영어 문장을 쓰면 틀릴지도 모른다는 불안이 생겼고, 그런 실수를 하는 제 모습을 두려워하다 보니 오히려 영어 실력이 늘지 않았습니다. 부족한 것을 감추려 하기보다는 부족한 나 자신을 받아들일 수 있었더라면 실수를 두려워하지 않고 배울 수 있었을 겁니다.

다른 사람에게 잘 보이고 싶고, 유능해 보이고 싶은 사람일수록 그런 타인의 기대에 자신을 맞추는 데 급급하게 됩니다. 그렇게 '유능한 사람'이라는 이미지를 유지하는 데 얽매이다 보면 본연의 자기 능력을 발휘할 수 없게 됩니다.

그렇지만 틀려도 '못하는 사람'으로 여겨지지 않는다는 것을 알게 되면, 반드시 정답을 내놓아야 한다는 압박감에서 벗어나 차근차근 배우며 실력을 키울 수 있게 됩니다.

나만
보지 않는다

앞서 '지나치게 긴장하는 사람'에 대해서 살펴봤을 때 언급했듯이, 실수나 실패를 두려워하는 사람은 다른 사람들에게 무능하게 보일 것을 걱정합니다. 그 때문에 타인의 시선을 자꾸 의식하고, '유능한 사람'이라는 사람들의 기대에 부응하려고 합니다.

이런 사람은 일 자체에 흥미가 있는 것이 아니기 때문에 열심히 해도 인정받지 못하면 금세 의욕을 잃습니다. 노력해도 인정받지 못할까 봐 두려워서, 더 노력했다면 좋은 결과를 내고 인정받았을 거라는 여지를 남겨두며 적극적으로 임하지 않습니다. 물론 이러한 변명은 누구에게도 통하지 않습니다.

일을 하는 이상 결과를 평가받을 수밖에 없습니다. 문제는 결과가 아니라, 자신이 어떤 평가를 받을까 지나치게 의식하는 태도입니다. 실수했다고 해서 곧바로 '못하는 사람'이 되는 것은 아닙니다. 그저 못하는 사람으로 여겨질지 모른다는 걱정을 평계로 그 과제에서 도망치려는 것뿐입니다.

제 그리스어 강의는 애초에 수강생이 많지 않았습니다. 많아야 다섯 명이고, 한 명뿐인 적도 있었습니다. 더 많은 사람이 들었다면, 실수하는 게 두려운 학생은 더 발표하지 못했을 겁니다. 인원이 적다 보니 더 눈에 띌 것 같아 안절부절못했을지도 모르겠지만요. 그런데 인원이 많든 적든, 틀리는 것에 대해 다른 사람이 어떻게 생각할지 신경 쓸 필요는 없습니다.

이런 모습은 사내 교육 과정에서도 흔히 나타납니다. '이런 질문을 하면 동료나 상사가 이상하게 여기겠지' 하는 생각 때문에 질의나 발언을 하지 않는 사람이 많습니다. 익명으로 할 때는 자유로이 편하게 할 수 있는데, 얼굴이 드러나는 자리에서는 '이런 것도 모르나' 하는 눈총을 받을까 봐, 더 나아가 질문 하나로 자신의 사고방식까지 알려질까 봐 조심스러운 것이지요.

저는 여러 번 국가 공무원 연수회에서 강연한 적이 있습니다. 보면 상사들은 대개 강연장 뒤편에 줄줄이 앉아 있는 경우가 많았습니다. 그런 분위기 속에서 주저하지 않고 질문하는 사람은 거의 없었습니다. 누가 손을 들면 안도감을 느꼈을 정도지요. 째려보는 것 같은 상사의 눈치를 보며 하고 싶은 말도 못하는 것은 조직에 있어서도 문제가 됩니다.

다른 사람이 자기를 어떻게 볼까 지나치게 신경 쓰는 사람은 '자신에게만 관심 있는 사람'입니다. 이런 사람은 자신에 대한 평가나 자신의 상황보다는 지금 해야 할 과제, 일의 성과와 의미로 그 관심을 돌릴 필요가 있습니다.

‘못한다’는 말에
흔들리지 마라

학생이 문제를 틀리면 ‘공부 못하는 학생’이라고 단정 짓는 교사가 있습니다. 하지만 그 문제를 틀렸을 뿐이지, 공부를 못하는 것은 아닙니다.

실적이 좋지 않은 부하 직원에게 “뭘 해도 안 되겠네”라고 말하는 상사도 있습니다. 하지만 이번 성과가 안 좋았을 뿐이지, ‘능력 없는 직원’인 것은 아닙니다.

교사나 상사에게 ‘못한다’라는 말을 들었어도, 자신이 몰라서 틀렸거나 실수했을 뿐이지, 결코 무능해서 그랬다고 생각해서는 안 됩니다.

물론 학업이나 일은 결과가 요구되기 때문에 평가를 피할 수는 없습니다. 낮은 평가를 받았다면 다음을 위해 준비하고 노력하면 됩니다. 부당한 평가나 ‘뭘 해도 안 된다’라는 식의 단정적 어조에 의욕을 빼앗길 필요는 없습니다.

다른 사람을 깎아내리는 것으로 자신의 가치를 높이려는 사람도 있습니다. 아들러는 이를 두고 ‘제2의 전쟁터’라고 일컬었습니다(《알프레드 아들러, 교육을 말하다》).

‘제1의 전쟁터’는 본래의 일터입니다. 일터를 제1의 전쟁터라고 보는 시각이 타당하지 않다고 저는 생각합니다만, 일단 여기서는 제쳐두겠습니다. 제2의 전쟁터란 일과 직접적인 관련이 없는 자리에서 유능한 동료나 부하 직원의 실수를 비난하고 꾸짖는 식으로 상대의 가치를 깎아내려 자신을 돋보이게 하려는 상황을 말합니다. 작은 흠 하나로 부하 직원이 한 일 전체의 성과를 부정하는 상사도 있는데, 이 역시 자신의 가치를 높이려는 의식에서 비롯된 행동입니다.

이런 행동을 하는 이유는 자신감이 부족하기 때문입니다. 그래서 다른 사람을 깎아내려 자신의 가치를 높이려고 하는 것이지요. 이런 교사나 상사 때문에 용기를 잃어서는 안 됩니다.

물론 이러한 사람들만 있는 것은 아닙니다. 학생의 성적이 나쁘거나 부하 직원의 실적이 기대에 못 미칠 때 ‘노력이 부족하다’, ‘능력이 없다’라고 섣불리 단정 짓지 않고, 자신의 지도 방식에 문제가 없는지 먼저 돌아보며 개선하려는 교사나 상사도 있습니다.

아들러는 이렇게 말했습니다.

배우는 입장에서 보면, 틀렸다고 무능한 것이 아닙니다. 다음에는 같은 실수를 반복하지 않도록 노력하면 됩니다. 모르는 것이 있다면 교사나 상사에게 솔직하게 물어보면 됩니다.

틀렸을 때, 성과가 나오지 않을 때, 자신의 지도 방식은 제쳐두고 꾸짖기만 하는 교사나 상사의 평가에 휘둘릴 필요는 없습니다.

중요한 것은, 자신이 성장할 수 있도록 적극적으로 계속 노력하는 일입니다.

현실적인 목표를
세워라

배울 때는 지금 자신의 수준을 파악해야 할 필요가 있습니다. 기초 단계부터 차근차근 밟아나가는 것이 싫다면 실력을 쌓기 어렵습니다.

처음부터 너무 높은 목표를 세우지 않는 것이 중요합니다. 왜 그런가 하면, 목표가 높을수록 행동이 뒤따르지 않기 때문입니다.

외국어를 자유자재로 구사하거나 원어로 된 책을 술술 읽는 것을 목표로 삼는 것은 바람직하지만, 당장 달성할 수 있는 것은 아닙니다. 조금씩이라도 꾸준히 하다 보면, 어느 순간 돌아봤을 때 내가 여기까지 오다니 싶을 겁니다. 그런데 처음부터 달성하기 어려운 목표를 세워버리면, 시도하기도 전에 무리라고 생각하고 의욕을 잃기 쉽습니다.

배우는 과정에서 틀릴 수도 있습니다. 그렇다고 열등감을 가질 필요는 없습니다. 이제 막 걸음마를 시작한 아이가 넘어졌다고 해서 부모가 나무라지 않듯이, 아이 역시 그런 일로 안 된다고 울며 자책하지 않습니다. 틀리는 것을 두려워하면 배울 수 없습니다.

먼저 지금 자신의 실력을 제대로 파악하고 현실적인 목표를 세워야 합니다. 조금씩이라도 꾸준한 노력을 쌓아간다면, 반드시 진전을 이룰 수 있을 겁니다.

배우는 과정을
즐겨라

　'진전'이라는 말을 썼습니다만, 빨리 앞서 나가는 것이 유능한 것이라고 생각해 버리면, 배움은 경쟁이 되어버리고 결과만이 중요하게 됩니다.

　많은 사람이 입시나 입사 시험을 경쟁으로 받아들이는 것도 이 때문입니다. 합격하려면 제한된 시간 안에 문제를 정확히 풀고 높은 점수를 받아야 하지요. 효율적으로 문제를 풀려면, 깊이 생각하는 방식보다 요령을 터득하는 편이 더 낫습니다. 대학 입시를 준비하는 학생들은 교사에게 이런 기술을 배웁니다. 이러한 방식의 공부가 하나도 재미없게 느껴진다면, 그 감각은 지극히 자연스럽고 타당합니다.

　입시처럼 정답이 있는 문제도 있지만, 세상에는 정답이 없는 문제도 많습니다. 다른 사람의 의견이나 과거의 해답에 기대지 말고 스스로 답을 도출해 내야 하는 경우도 있습니다. 이런 문제는 답을 내는 것보다 그 과정을 즐길 수 있어야 합니다. 그렇지 않으면 공부도 일도 그저 괴로워질 뿐입니다.

학생 시절부터 경쟁 속에서 살아온 사람이라면, 배움의 과정을 즐기는 일이 어려울지 모릅니다. 늘 결과를 내기 위해 이 악물고 공부해 온 터라 즐길 여유가 없었겠지요. 무엇보다 제한된 시간 안에 결과를 내야 하는 상황에서 배움을 즐긴다는 생각은 하지조차 못했을 겁니다.

하지만 입시나 자격증 취득을 위해 공부하더라도, 결과에만 신경 쓰고 배우거나 훈련하는 과정에서 재미와 기쁨을 느끼지 못한다면, 원하는 결과가 나오지 않았을 때 의욕을 잃고 맙니다.

모르는 것을 알아가는 기쁨을 체득해야 배움의 과정을 즐길 수 있습니다. 예를 들어 외국어를 공부할 때, 처음에는 문장을 읽고 이해하는 데 시간이 오래 걸리지만 점차 읽는 속도가 붙으며 자연스레 읽을 수 있게 됩니다. 이러한 배움의 즐거움이 결과적으로 과제를 완수하는 것으로 이어집니다

서두를
필요 없다

어릴 때부터 경쟁하며 살아온 사람은 경쟁하지 않으면 아무 것도 이룰 수 없다고 생각하곤 합니다. 그렇지만 시험조차도 본래 다른 사람을 이기기 위한 것이 아닙니다.

입시 같은 선발 시험에서는 노력한다고 해서 반드시 합격할 수 있는 것도 아니고, 시험을 준비하는 과정에서 지식을 쌓는 그 자체는 경쟁과는 무관합니다. 시험을 위한 공부일지라도 모르는 것을 알게 되는 것은 즐거운 일입니다. 그런데 다른 사람을 이겨야 한다는 생각이 들면 배움의 즐거움은 사라집니다.

경쟁을 당연하게 여기는 사람은 공부도 일도 경쟁이라고 생각합니다. 그렇지만 공부도 일도 본래 누군가와 겨뤄야 할 필요는 없습니다. 노력은 경쟁에서 승리하기 위해서 하는 것이 아닙니다. 노력한다고 결과가 좋다는 보장도 할 수 없습니다. 그렇지만 노력하지 않으면 어떤 일도 이룰 수 없다는 사실은 분명합니다. 그래서 우리는 노력하는 것입니다.

배우는 과정에서 모르는 것을 알게 되는 것은 본래 기쁜 일일 겁니다. 경쟁은 이러한 배움의 기쁨을 앗아갑니다. 시험공부가 힘겨웠던 사람은 대개 경쟁의식에 사로잡혀 배움의 즐거움에서 눈을 돌렸기 때문입니다.

아들러의 말을 빌리자면, 노력하는 사람은 '무엇이 주어졌느냐가 아니라 주어진 것을 어떻게 활용하느냐가 중요하다(《왜 신경증에 걸릴까》)'라는 사실을 알고 있는 겁니다. 빨리 배우는 사람이 있는가 하면, 더디게 배우는 사람도 있습니다. '더디다'는 말에 빨리 배우는 것이 더 우월한 것처럼 들리겠지만, 이는 그저 배우는 방법의 차이일 뿐 우열을 가릴 수는 없습니다. 시간이 필요하면 시간을 더 들이면 됩니다.

효율을 중시하는 사람에게는 시간을 들여 배우는 것이 헛된 일처럼 느껴질지도 모릅니다. 하지만 시간을 들여야만 제대로 익힐 수 있는 게 많습니다. 효율을 중시하면, 이해되지 않을 때 바로 포기해 버리고 맙니다. 시간을 들인 만큼 이해되고 재미있어지는 경험을 못 해본 탓이겠지요.

이런 사람은 남보다 더 빠르게 지식을 흡수해야 한다고 생각합니다. 그렇지만 경쟁에서 벗어나 자유로워지기 위해서는 오히려 천천히 배우는 경험이 필요합니다.

일 잘하는 사람은 노력합니다. 그렇지만 그 노력이 겉으로 드러나는 일은 드뭅니다. 진정으로 유능한 사람은 자신의 노력을 과시하지 않기 때문입니다. 일 잘하는 사람이 모두 효율적으로 일하고 요령 있게 처리하는 기술만 배운 것도 아닙니다.

일을 빨리 끝낸다고 해서 꼭 유능한 것도 아닙니다. 속도에만 신경 쓰면 실수가 늘어나고, 정작 필요한 지식이 쌓이지 않습니다.

제가 대학에서 철학을 가르치며 시험 감독을 했을 때의 일입니다.

평소 제 강의를 성실하게 들었던 학생들은 시험 시간 끝까지 답안을 작성해 나갔습니다. 시험 문제는 강의 내용을 기반으로 했기에 강의를 잘 들었다면 충분히 답을 쓸 수 있었겠지만, 제대로 적으려면 시간이 필요했을 겁니다. 평소 강의를 잘 듣지 않던 학생들은 쓸 내용이 없어서인지 일찍 답안지를 제출하고 나가더군요. 시간을 들여 답안을 작성한 학생들의 성적이 더 좋았음은 말할 필요도 없을 겁니다.

문제를 풀 때, 답을 내는 일 외에는 아무것도 생각하지 않고 가능한 한 효율성만 찾는 것은 기계와 다를 바가 없습니다. 기계는 주어진 목적을 위해서만 움직입니다. 그렇지만 인간은 다릅니다.

인간 역시 목표를 세우고 그 방향으로 나아간다는 점에서 목적의식을 지닌 존재입니다. 하지만 인간은 목적을 이루는 과정에서 단지 그 목적에 유용한 일만 하지는 않습니다.

외견상으로는 쓸모없어 보이는 일도 하는 것. 바로 이것이 인간과 기계의 차이점입니다. 배움도 목적 달성에만 매달리지 말고 시간을 들여 그 과정 자체를 즐긴다면 예상치 못한 창의적인 발상이 피어납니다.

새로운 것에
도전해라

저는 사회생활을 시작한 이후에도, 심지어 나이를 먹은 후에도 새로운 것을 배우는 일은 큰 의미가 있다고 생각합니다. 삶에 직접적으로 도움이 되지 않을 뿐만 아니라 쓸모없어 보이는 것일지라도, 지금까지 해본 적 없는 일에 도전해 보는 것만으로도 일상의 기분이 달라질 때가 있습니다.

저는 예순이 넘어서 한국어를 배우기 시작했습니다. 서양철학을 전공한 터라 젊은 시절부터 서구의 언어는 많이 배웠지만, 아시아 언어는 한국어가 처음이었습니다. 한국인 선생님한테 기초 문법을 배우고 난 뒤 김연수 작가의 에세이를 읽기 시작했습니다.

당연하게도 처음에는 많이 틀리곤 했습니다. 예습에 많은 시간을 들였는데도, 선생님 앞에서 한국어 문장을 일본어로 옮길 때면 다른 언어를 배울 때는 하지 않던 실수를 여러 번 했습니다.

대학에서 오랫동안 그리스어를 가르쳤던 저인데, 반대로 배우는 입장이 되어보니 제 강의를 듣던 학생들의 마음을 잘 알겠더군요. 그때 저는 "그저 문제의 일부분을 틀렸을 뿐 못한다고 생각할 필요 없습니다"라고 말했지요. 그 말을 나 자신에게도 되새기게 되었습니다. 실수했다고 못하는 것도 아니고, 능력이 없는 것도 아니라는 것을요.

처음에는 '틀리는 것이 당연하다'고까지는 생각되지 않았습니다. 하지만 점차 '초급자라면 틀릴 수 있지, 능력의 문제가 아니야'라고 생각되어 틀려도 신경 쓰이지 않게 되었습니다.

모르는 것을 배우는 일은 본래 즐거운 일입니다. 그렇게 느껴지지 않는다면 아마도 누군가와 경쟁하고 있는 탓이겠지요. 저의 경우는 개인 수업을 받고 있었기에 저 말고 다른 사람은 없었습니다. 그런데도 마음속에 '나보다 더 잘하는 가상의 학습자'를 만들어서 절대 틀리지 않는 그 사람과 끊임없이 경쟁하고 있던 겁니다.

또한 배우는 입장이 되어보면 가르치는 방식에도 관심을 갖게 됩니다. 바로 이해되지 않는 이유가 꼭 공부가 부족하기 때문만은 아닙니다. 특히 여러 선생님한테 배워보면 가르침이 탁월한 사람과 그렇지 않은 사람의 차이를 잘 알게 됩니다.

이러한 깨달음은 상사가 되어 부하 직원을 이끌 때도 도움이 됩니다. 상사가 자기의 경험에 비추어 부하 직원이 실수했을 때 능력이 없거나 노력이 부족하다며 탓하지 않고, 자신의 지도 방식에 개선할 부분은 없는지 되돌아볼 수 있기 때문입니다. 그러면 "왜 이런 일도 못하나?" 하고 나무라기보다는 더 신중한 말로 차분하게 돕고 이끌어줄 수 있게 됩니다.

자신도 새로운 것을 배울 때 고생했는데, 어느새 그 사실을 잊고 있었다는 것도 깨닫게 됩니다. 이런 것도 못하느냐고 말하고 싶겠지만, 과거의 자신도 같은 과정을 거쳐 성장해 왔다는 걸 떠올릴 필요가 있습니다.

무엇을 배우든 노력은 필요합니다. 그러나 조금씩이라도 새로운 지식을 익히는 게 즐겁고 배우는 게 기쁘다면, 그 기분은 주변에도 전해집니다. 만약 배우는 일이 괴롭게만 느껴진다면, 배우는 방법에 문제가 있거나 배움에 대한 선입견 때문일 겁니다.

모르는 것을 알아가는 기쁨을 스스로 느끼지 못하면, 그 즐거움을 다른 사람에게 전할 수 없습니다. 지금은 힘들더라도 포기하지 않고 꾸준히 하다 보면 생각보다 일찍 결실을 맺을 수도 있습니다. 이러한 경험을 직접 해봐야 다른 사람에게도 배움의 즐거움을 전할 수 있습니다.

　일터에서의 관계에만 국한하지 말고, 자발적으로 무언가를 배울 때에는 다른 사람과 비교하거나 경쟁하려는 마음을 내려놓아야 합니다. 배우는 그 과정을 즐겨야 합니다. 요즘은 독학하는 것도 가능하고, 그런 사람도 많아져서 학습 앱에서도 다른 학습자와의 경쟁을 유도하기도 합니다. 저는 이러한 방식에는 동의할 수 없습니다. 배움은 본래 경쟁이 아니라 자신이 성장하기 위한 것이기 때문입니다.

결과보다는
과정이 중요하다

일에서는 결과를 내야 하지만, 결과를 내는 것만이 중요하지는 않습니다. 앞서도 설명했지만, 우월성 추구가 잘못된 방향으로 나아가는 경우도 있습니다. 자신의 이익만을 위해 우월성을 추구하는 것이 바로 그것입니다. 이는 '야심'이라는 형태로 드러나지요.

아들러는 비범한 야심을 가진 아이는 어려운 상황에 빠질 수밖에 없다고 말합니다.

성공 여부로만 결과를 판단하고, 어려움에 맞서 헤쳐나가는 힘은 평가해 주지 않는 것이 이 문명의 특징이다. 우리 문명은 근본적인 교육보다는 눈에 보이는 결과, 곧 성공만을 중시하는 경향이 있다.

_《알프레드 아들러, 교육을 말하다》

결과만 좋으면 된다고 생각하면, 아들러가 말한 것처럼 "거의 노력하지 않고 손에 넣은 성공은 오래가지 않는다(《알프레드 아들러, 교육을 말하다》)"는 사실을 알아야 합니다.

물론 노력 끝에 원하는 결과를 얻은 사람도 있겠지요. 그렇지만 운이 맞아서 좋은 성적을 받게 되는 경험을 하면, 어떻게 요령을 부리면 좋을까에 집중하게 되고, 나아가 결과만 좋으면 된다고 생각하게 됩니다. 반대로 좋은 결과가 나오지 않을 것 같다면 처음부터 과제에 임하려고 하지 않습니다.

결과를 내는 일은 중요합니다. 하지만 언제나 좋은 결과를 얻을 수 있는 것은 아닙니다. 부모나 교사가 "열심히 한 건 알겠는데, 결과가 이러면 안 되지"라며 용기를 꺾고 과정은 신경 쓰지 않는 경우가 있습니다. 그렇더라도 당사자인 본인은 자신이 얼마나 노력했는지 잘 알고 있습니다. 따라서 과제를 완수하기 위한 노력을 꾸준히 하는 수밖에 없습니다.

원하는 결과를 얻었는데도 그것만으로는 만족하지 못하고, 다른 사람의 칭찬이나 인정을 원하는 것도 문제입니다.

아들러는 이렇게 말했습니다.

성공해도 다른 사람에게 인정받지 못하면 만족하지 않는다. 많은 경우, 실제로 곤란한 상황이 발생하면 이 어려움을 극복하는 것보다 마음의 균형을 유지하는 것이 아이에게는 더 중요하다. 이러한 야심을 갖도록 강요당한 아이는 이 사실을 모른다. 아울러 타인의 칭찬 없이는 살아갈 수 없다고 느낀다. 이렇게 생각하기 때문에 많은 아이가 다른 사람의 의견에 휘둘리게 된다.

_《알프레드 아들러, 교육을 말하다》

결과가 좋아도 그것만으로는 부족해 다른 사람에게 칭찬받고 인정받고 싶은 욕구가 강해집니다. 그러다 보니 자기가 어떻게 행동해야 할지 스스로 결정하지 못하고 다른 사람 말에 좌우됩니다.

다른 사람의 의견에 휘둘리지 않고 스스로 판단해 결정했는데도 실패할 때가 있습니다. 이럴 때는 그 책임을 회피하고 싶어 "사실은 하기 싫었는데"라는 식의 변명을 하고 싶기도 할 겁니다.

하지만 그 실패의 책임을 다른 사람에게 전가하지 않고, 그 과정에서 무엇이 잘못되었는지 따져본다면 더 많은 것을 배울 수 있습니다. 실패 역시 결과에 이르는 과정에서 생기는 일임을 받아들이는 태도가 필요합니다.

7장

건강하게
삶의 욕망을 채우는 법

나다운 삶을
산다는 것은

지금까지 말한 것을 종합해 보면, '평범하다'는 것은 모두와 같다는 의미가 아닙니다. 오히려 같아서는 안 됩니다. 그렇다고 '특별해야 한다'는 것도 아닙니다.

그렇다면 어떻게 해야 할까요? **다른 누구도 아닌 자기 자신으로 살면 됩니다.**

이렇게 살겠다고 결심해도, 특별해지라고 압박하거나 성공하라고 강요하는 사람들이 나타나 인생의 앞길을 막아서는 경우가 있습니다.

게다가 많은 사람이 모두와 같을 때 안심하는 경향이 있습니다. 따라서 스스로 내린 결정으로 실패하는 것이 두려워 모두와 마찬가지로 부모나 주변 어른들이 말하는 대로 살려고 합니다.

누구의 의견에도 의구심을 갖지 않아 자기 인생의 선택지가 얼마나 좁아져 있는지 알아차리지도 못하지요.

이제 다른 사람이 기대하는 나 자신이 아니라, 있는 그대로의 나 자신으로 살아가기 위해서 어떻게 하면 좋을지 생각해 봅시다.

인간관계에
뛰어들어라

앞서 일하다 모르는 것이 있을 때 어떻게 해야 하는지 살펴보았습니다. 그런데 우리는 인생을 어떻게 살 것인지에 대해서도 모르는 것이 많습니다. 자신이 모르는 것이 있다는 사실조차 모르는 사람도 있습니다.

인생을 산다는 것은 사람과 관계를 맺어간다는 뜻입니다. 자신의 삶을 주체적으로 꾸려가기 위해서는 어떤 방식으로 인간관계를 쌓아가야 할지 알아야 합니다.

일 또한 인간관계에 속합니다. 처음부터 끝까지 혼자서 하는 일은 거의 없습니다. 평소에는 혼자 일하고, 일 자체도 혼자 할 수 있는 것처럼 보입니다. 그렇다고 해서 다른 사람과 전혀 관련 없는 것이 아닙니다. 인간관계를 쌓지 못하면 좋은 일을 할 수 없다고 해도 과언이 아닙니다. 최소한 함께 일하는 사람이 나를 배척하지 않을 것이라는 믿음이 있어야 원활하게 일할 수 있습니다.

유능한 윗사람이 아랫사람에게 갑질을 하는 것도 문제입니다. 부하 직원을 꾸짖는 것으로 자기 뜻대로 움직일 수 있다고 생각하겠지요. 정작 부하 직원과 어떻게 좋은 관계를 맺어야 하는지는 모를 겁니다.

일을 잘하는 것과 주변으로부터 인정을 받는 것은 별개의 일입니다. 아무리 능력이 뛰어나더라도 인간관계를 소홀히 한다면 주변 사람들로부터 존경받지 못할 겁니다.

나는
내가 좋다

　인간관계에 뛰어드는 데에는 용기가 필요합니다. 혼자서 살 수 있는 사람은 없습니다. 따라서 인간관계를 피해 살 수는 없습니다. 하지만 사람과 엮이다 보면 번거로운 순간도 생기고, 어떤 식으로든 갈등이 생겨 상처를 받기도 합니다.

　우리 고민의 대부분은 인간관계에서 비롯된다고 해도 과언이 아닙니다. 인간관계는 모든 고민의 근원이라고 할 수 있습니다.

　아들러의 말을 다시 가져와 보겠습니다.

사람은 자신에게 가치가 있다고 생각될 때에만 용기를 낼 수 있다.

우리는 인간관계 없이는 살 수 없고, 삶의 기쁨과 행복도 인간 관계 속에서만 누릴 수 있습니다. 따라서 인간관계 안으로 들어갈 용기를 내야 합니다.

그러기 위해서는 '나는 가치 있는 사람'이라고 생각해야 합니다. 일터에서는 자신이 가치 있다는 생각이 주로 유능하다는 평가에서 비롯되지만, **인간관계에서는 자신이 가치 있다는 생각이 '나는 내가 좋다'라는 감정에서 비롯됩니다.** '내가 좋다'는 말이 어색하다면 **'나는 나를 받아들일 수 있다'**로 바꿔 말해도 됩니다. 자신의 모습이 마음에 들지 않더라도, 자신에게 좋은 점이 있다고 생각되면 사람들에게 한발 더 다가갈 마음이 생기기 때문입니다.

자신을 좋아하지 못하는 것은, 어렸을 때부터 주변 사람들에게 단점과 부족한 점을 계속 지적받아 왔기 때문입니다. 꾸중만 들으며 성장한 사람은 자기 자신을 좋아하기 어렵습니다.

이는 어른이 되어서도 마찬가지입니다. 어떤 일을 못 해냈을 때, 그 실패에 대해서만 지적받는다면 모를까, "넌 뭘 해도 항상 실패만 하네"라는 말을 듣는다면 자신이 초라해지고 좋이길 리 없습니다. 상사에게 이런 말을 듣는다면 자신이 무능하다고 여겨지고, 그런 자신은 가치가 없다고 생각하게 됩니다. 주변 사람들에게 "넌 늘 문제만 일으켜"라는 말을 듣게 되면 자신이 못났다고 생각하게 되지요.

이런 부정적 경험이 쌓이다 보면 자기 자신을 좋아하기 어려워지고 사람들과 잘 지낼 자신도 없어집니다. 결국 '나를 좋아할 수 없다', '내게는 가치가 없다'는 핑계로 인간관계에 뛰어드는 걸 회피하게 됩니다.

좋아하는 사람이 생겨도 고백하지 못합니다. 거절당해 상처받는 게 싫기 때문입니다. 고백했다가 거절당하는 상황을 피하기 위해 처음부터 관계를 맺지 않기로 결심하는 것이지요.

이런 사람은 자신의 성격이 어둡다고 여기곤 합니다. 하지만 성격이 어두워서 인간관계를 피하는 것이 아니라, 관계를 맺고 싶지 않은 마음에 자신의 성격이 어둡다고 핑계를 대는 겁니다. 앞서 말한 아들러의 표현을 빌리자면, 자신은 가치가 없는 사람이라고 스스로 결정해 버린 것이지요. 이렇게 생각하면 인간관계를 맺을 수 없게 됩니다.

물론 사람과 관계를 맺다 보면 상처받는 일도 생깁니다. 특히 직장에서는 친구를 사귀는 것과 달리 함께 일하는 사람을 선택할 수 없기에 마음이 맞지 않거나 불편한 사람과도 일할 수밖에 없습니다. 이를 피할 방법은 없습니다.

하지만 세상 모든 사람이 불편하기만 한 것은 아닙니다. 처음에는 어렵게만 느껴졌던 사람이 알고 보면 그렇지 않다는 걸 발견하게 되는 경우도 있습니다. 처음 만난 사람과 곧바로 좋은 관계를 맺기는 어려워도, 걱정하던 것만큼 큰일이 생기지도 않습니다.

관계 맺는 일이 두려운 것은 나뿐만이 아닙니다. 상대 역시 마찬가지입니다. 그렇다면 내가 먼저 용기를 내보면 어떨까요.

지금의 자신을
살려라

　인간관계 속으로 들어가려면, 그동안 자신의 단점을 핑계로 관계 맺는 것을 회피해 왔다는 사실을 깨달아야 합니다. 다른 사람들이 생각만큼 무서운 존재가 아닐지 모른다고 생각하는 것도 필요하지만, 자신에 대한 견해를 바꾸는 것이 더 중요합니다. '자신을 바꾼다'고 하지 않은 것은 자신을 바꾸는 일이 쉽지 않기 때문입니다. 지금의 자신을 다른 관점으로 바라볼 수 있다면, 결과적으로 그것이 자신을 바꾸는 일이 됩니다.

　다시 말하지만, 자신을 좋아하게 되면 인간관계로 들어갈 용기가 생깁니다. 그런데 인간관계에서 상처받는 것이 두려운 사람은 자신을 좋아해서는 안 된다고 결정함으로써 다른 사람과 관계를 맺는 것에 적극적으로 임하지 않습니다.

자신을 '어두운 사람'이라고 생각하는 사람을 다시 예로 들어보겠습니다. 자신도 그렇게 생각하고 남들도 그렇게 말한다면, 어느 날 갑자기 밝은 사람이 되는 것은 쉽지 않은—불가능하지는 않습니다—일이지요. 밝아지고 싶다고 해도, 밝은 사람이 되었을 때 무슨 일이 일어날지 모르기 때문에 지금까지와 다른 자신이 되기로 결심할 수는 없습니다.

사실 중요한 것은 밝아지는 것이 아닙니다. 저는 자신이 어둡다고 말하는 사람에게 이렇게 묻곤 합니다.

"자신의 언행이 다른 사람들에게 어떻게 받아들여질지 늘 의식하고 있지는 않습니까?"

그렇다는 대답이 돌아오면 저는 이어서 이렇게 묻습니다.

"그렇다면 적어도 일부러 다른 사람에게 상처 주는 일은 없지 않습니까?"

'일부러'라는 말을 덧붙이는 이유는, 자신은 말이나 행동으로 상대에게 상처를 줄 의도가 없었더라도 상대는 다르게 받아들일 수 있기 때문입니다. 또 그렇다는 대답이 돌아오면 저는 이렇게 말하곤 합니다.

"스스로를 어둡다고 말하지만, 사실은 어두운 게 아니라 '상냥'한 거예요."

어두운 자신은 좋아할 수 없지만, 상냥한 자신이라면 좋아할 수 있지 않을까요?

이처럼 지금의 자신을 살리는 편이 현실적입니다. '집중력이 없다'고 여겨진다면 '멀티 태스킹에 능하다'고 생각해 볼 수도 있습니다. 집중력이 있어도, 조용한 곳에서 혼자 있을 때만 집중할 수 있는 사람이 있습니다. 하지만 현실적으로 집중할 수 있는 조건이 항상 갖춰져 있는 것은 아니지요. 시끌벅적한 곳에서 다른 사람들과 함께 여러 가지 일을 동시에 해야 할 때도 있습니다. 이런 작업이 가능한 사람을 집중력이 부족하다 할 수 있을까요?

'금세 싫증을 낸다'는 것도 달리 보면 '결단력이 있다'고 할 수 있습니다. 지금 읽고 있는 책이 자신에게 별 도움이 되지 않는다고 판단되면 주저하지 않고 책을 덮고 다른 책을 선택할 수 있을 테니까요.

아들러의 말을 다시 한번 살펴보겠습니다.

무엇이 주어졌느냐가 아니라 주어진 것을 어떻게 활용하느냐가 중요하다.

이렇게 하는 편이 지금의 자신과는 다른 사람이 되려고 하는 것보다 훨씬 쉽습니다.

도저히 달성할 수 없는 목표를 세우지 않는 것도 중요합니다.

'모든 사람과 친해진다'는 것이 대표적입니다. 이러한 목표는 실현 자체가 불가능합니다. 이룰 수 없는 목표를 내세우면, 그에 도달하지 못한 자신을 보며 결국 실패했다는 이유로 인간관계를 피하게 됩니다.

자기 생각이 확고하면 다른 사람과 부딪힐 수 있습니다. 일부러 미움을 살 말한 말이나 행동을 할 필요는 없지만, 자신을 좋게 생각하지 않는 사람이 있다고 해도, 그것을 **타인에게 자신을 맞추지 않고 자유롭게 살고 있다는 증거**라고 생각하면 모든 사람과 친해지는 것이 의미가 없다는 것을 깨닫게 됩니다. 그러면 친한 친구라고 부를 만한 사람이 없어도 신경 쓰이지 않게 됩니다.

이처럼 자신을 대하는 시각을 바꿀 수 있다면 자신을 받아들일 수 있습니다. '사람들과 관계를 맺고 싶지 않아서 나 자신을 좋아하지 못하는구나'라고 깨닫게 되면, 그런 자신을 있는 그대로 인정하고 인간관계 속에 한발 들어갈 용기를 가질 수 있게 됩니다.

나의 의지로
결정해라

자신을 받아들이기 위해서는 다른 사람의 기대에 자신을 맞추지 않는 것도 필요합니다.

다른 사람의 기대에 부응하려는 태도는 어느 날 갑자기 생기지 않습니다. 많은 아이가 어릴 때부터 부모의 기대를 충족시키려 애쓰며 자랍니다.

부모는 아이에게 높은 이상을 강요하기도 합니다. 하지만 부모가 어떻게 나오든 아이는 자신의 인생을 살아야 합니다. 그런데 이런 의지를 가진 아이가 많지 않습니다. 어른이 되어서도 주변의 기대에 맞추어 살아가며, 자신이 어떤 인생을 살고 싶은지 깊이 생각하지도 않습니다.

저는 종종 아이를 명문학교에 보내고 싶다는 부모들의 상담 요청을 받곤 합니다. 그럴 때면 부모가 아이의 인생을 대신 결정할 수는 없기에 먼저 아이의 생각을 들어보라고 권합니다. 하지만 부모가 명문고에 가서 명문대에 들어가야 성공한 인생이라는 말을 자꾸 하면, 아이도 그렇게 생각해 버리는 경우가 많습니다.

결정을 내릴 때 다른 사람의 의견을 참고하는 것은 괜찮다고 생각합니다. 하지만 부모의 권유를 별생각 없이 그대로 따르는 것은 문제라고 생각합니다. 자기 인생은 자기 스스로 결정할 수 있어야 합니다.

"아이가 알아서 결정할 수는 없잖아요. 인생의 선택지를 다양하게 마련해 주는 것이 부모의 역할이죠"라고 말하는 부모도 많습니다. 하지만 아무리 부모가 인생의 레일을 깔아준다고 한들 선택은 아이 스스로 해야 합니다.

많은 아이가 부모가 약속하는 장밋빛 미래가 자신을 기다리고 있다고 믿습니다. 그렇지만 아무리 부모를 기쁘게 해주고 싶어도 늘 좋은 성적을 받을 수는 없고, 부모가 원하는 대학에 못 들어갈 수도 있습니다. 원하는 대학에 들어갔다고 해도 그걸로 끝이 아닙니다. 대학 입학 후에도 열심히 공부해야 합니다. 그러다 학점이 잘 나오지 않으면 문제 행동을 하거나, 학교에 가지 않거나, 신경질적인 반응으로 부모의 관심을 얻으려고 합니다.

어른이 되면 다를까요. 인정받기 위해 일했는데, 원하는 성과를 내지 못해 인정받지 못하면 언짢은 기색을 내보이며 주변을 불편하게 만드는 사람이 있습니다. 이런 사람은 자기 의지로 결정하고 행동하는 것이 아니라, 주변 사람의 반응을 의식해 결정하고 행동합니다. 스스로는 자기중심적이지 않다고 생각하겠지만, 실제로는 자기 인생을 책임지지 않는 것이지요.

내 인생은 내가 사는 것입니다. 따라서 부모의 의견이나 주변의 기대와는 상관없이 '나는 어떻게 살 것인가'를 고민해야 합니다. 부모를 기쁘게 하기 위해 부모가 기대하는 삶을 사는 것도, 부모의 관심을 끌기 위해 일부러 문제를 일으키는 것도 의미가 없습니다. 다른 사람이 나를 어떻게 볼지 신경 쓰지 말고, 자신의 의지로 자신의 행동과 인생을 결정할 수 있어야 합니다.

초등학생이던 시절, 어느 날 친구가 전화로 놀러 오라고 한 적이 있습니다. 제가 살던 집은 아이 걸음으로 학교에서 30분 정도 떨어진 변두리에 있었고, 근처에 사는 친구도 없어, 저는 한번 집으로 돌아오면 거의 밖에 나가는 일이 없었습니다. 그런데 그날은 친구의 전화를 받고 문득 친구네 집에 가고 싶다는 생각이 들었습니다.

마침 어머니가 옆에 계셔서 친구 집에 놀러 가도 되겠느냐고 물었습니다. 어머니가 말씀하셨습니다. "그런 건 알아서 결정해" 라고요.

그때의 저는 외출하는 것을 부모님의 허락을 받아야 하는 일이라고 생각했습니다. 부모님이 어떤 말을 하든 잘 듣는 착한 아이라면 부모님이 기뻐하시리라고 생각했는지도 모릅니다. 어머니가 안 된다고 하시면 그대로 따랐을 겁니다. 하지만 어머니의 대답은 의외였고, 그 순간 저는 처음으로 '결정에는 책임이 따른다'는 것과 그 책임의 무게—그때의 나는 책임이라는 말을 몰랐겠지만요—를 알게 되었습니다. 스스로 결정했다면, 뜻대로 되지 않더라도 결과는 자신이 감당해야 합니다.

물론 인생의 큰 진로를 결정하는 것도 아니고, 어머니도 딱히 안 된다고 할 이유가 없었기에 "알아서 결정해"라고 하셨겠지요. 그런데 이런 일상적인 결정도, 인생의 진로처럼 중요한 결정도 타인의 말에 따라 내리는 사람은 스스로의 결정에 책임을 지지 않으려는 것입니다.

내 삶의 방향을
그려라

공부나 일에서뿐만 아니라 인생 전반에서 다른 사람이 어떻게 보든지, 인정해 주든지 말든지 상관없이 자기 생각을 가지고 자신이 되고 싶은 사람이 되어야 합니다. 노력한 덕분에 다른 사람보다 뛰어나다는 인정을 받을 수는 있지만, 인정받기 위해 경쟁할 필요는 없습니다.

'우월성 추구'라는 말은 자칫 타인보다 앞서 나가야 한다는 의미로 해석되기 쉽습니다. 그러나 뛰어나다는 것은 경쟁과는 상관없습니다. 특별한 사람으로 인정받는 것과도 상관없습니다. 뛰어나다는 것은 무언가를 성취하기 위한 필요한 지식과 능력을 갖췄다는 뜻입니다.

주변 사람들의 인정을 받기 위해 특별해지려는 사람은 좋은 성과를 낼지도 모릅니다. 부모에게 인정받고, 부모를 기쁘게 하기 위해 열심히 공부하는 아이는 좋은 성적을 받을지도 모릅니다. 그런데 이런 식으로 타인의 인정을 받으려 해서는 안 됩니다. 자신의 능력 범위를 벗어날 수 있기 때문입니다.

자신의 능력 이상의 것을 목표로 삼는 태도는 마치 까치발을 하고 자신의 몸을 크게 보이려는 것과 같습니다. 이는 '긴장된 삶의 방식'입니다. 그러지 말고, 지식이나 능력을 쌓도록 노력하면 될 일입니다.

특별하게 행동할 필요도 없습니다. 무난하게 행동하면 인정받지 못하리라 생각하는 것은 열등감입니다. 이 열등감을 해소하기 위해 하는 우월성 추구는 모두의 관심을 끌어서 특별해지려는 것입니다.

부모의 뜻을 거스르고 고등학교에 들어가지 않은 사람이 있었습니다. 그의 부모는 모두 고학력자였기에 아들이 어떻게 중학교를 마치고 바로 일하는 것을 선택할 수 있었는지 이해가 가지 않았습니다. 그는 중학생 시절에도 꽤 반항적이었지요. 머리를 염색하고, 턱수염을 기르고, 눈썹을 밀었습니다.

그는 그때를 떠올리며 이렇게 말했습니다. "제가 그렇게 반항하지 않았더라면 부모님과 말조차 섞지 못했을 거예요."

물론 무난하게 지냈어도 대화는 가능했을 겁니다. 다만 그는 남들과 다르지 않으면 부모의 관심을 받을 수 없다고 생각했던 겁니다. 인생의 진로는 자신이 어떻게 살고 싶은지에 따라 결정됩니다. 그러니 부모에게 반항하기 위해 부모가 곤란해하는 선택을 할 필요는 없습니다.

부모를 곤란하게 만들고 싶어서 부모가 받아들이기 어려운 길을 택하는 것도 부모의 기대에 얽매여 있는 것입니다. 자기 인생을 살려면 자신이 살고 싶은 삶을 우선 생각해야 합니다. 부모가 속상해하더라도 그런 부모의 감정 때문에 자신의 삶의 방식을 바꿀 필요는 없습니다.

다름을
두려워하지 않는다

특별해지려는 사람이 있는 반면, 눈에 띄지 않으려고 애쓰는 사람도 있지요. 남들과 다른 삶을 사는 것을 주저하는 사람들입니다.

특별해지고 싶다고 말하는 사람들 중에도 자기 인생을 스스로 결정하기보다는, 남들과 같은 방식으로 성공하고 싶어 할 뿐이라 다른 사람과 비슷한 인생을 사는 것에 만족하는 사람도 있습니다. 다른 사람과 너무 다른 삶을 살면 특별하다고 인정받지 못하지만, 다른 사람들보다 성공하면 특별하디고 인정받을 수 있다 생각하기 때문입니다.

그러나 모두와 똑같은 방식으로 살 필요는 없습니다. 미키 기요시는 '엑센트리시티_eccentricity_'를 언급했습니다. 원래 이 단어는

'기이함'을 뜻하지만, 미키는 중심에서 벗어난 마음, 즉 '이심離心'이라고 했습니다. 인간은 중심에 고정된 존재가 아닌, 자유로운 존재라고 한 것이지요.

한 번이라도 일상이 무너지는 경험을 하면, 더 이상 중심에 머물러 있기 어려울 때가 있습니다.

병으로 일을 쉬어야 하거나 가까운 사람을 잃는 순간처럼 삶의 기반이 흔들리면, 그때까지 당연하게 받아들였던 가치관을 다시 되돌아보게 되지요.

이런 특별한 경험을 하지 않았어도 '지금 이대로의 삶의 방식이 괜찮을까?'라고 생각해 본다면, 지금까지 어떻게 살 것인지 조금도 고민해 본 적 없다는 사실에 놀라게 될 겁니다.

모두와 똑같은 인생이 아니라, 통념적인 가치관에서 벗어난 인생을 선택한 사람의 삶의 방식은 다른 이들에게는 엑센트릭 eccentric—eccentricity의 형용사로 부정적인 의미를 내포하고 있지요—하게, 즉 별나 보일 겁니다. 부모가 통념적인 삶을 당연하게 여긴다면, 아이가 그 틀을 벗어나려고 할 때 당연히 말리려 들겠지요.

그러나 미키 기요시는 이렇게 말합니다.

엑센트릭해질 수 있다는 점이야말로 인간의 특징이다. 그렇기에 예로부터 중용이나 적당함이 일상의 도덕으로 거듭 강조되어 온 것이다.

_미키 기요시의 논고 〈세스토프적 불안에 대하여シェストフ的不安について〉

미키는 엑센트릭하게 사는 것이 인간 본연의 특징이라고 말합니다. 다만 여기서 그가 말하는 '엑센트릭'이란 '특별하고 싶다', '남들과 다르게 보이고 싶다'는 욕망과는 다릅니다. 오히려 이는 기존의 상식이나 가치관으로부터 자유로워지는 겁니다.

미키는 '엑센트릭해질 수 있는 것이 인간의 특징'이라고 말했지만, 이런 삶을 사는 게 일반적이라고 하지는 않았습니다. 그런데 고대부터 '중용'이 강조되어 온 것만 보더라도 인간은 본질적으로 엑센트릭하게 사는 경향이 있을지도 모르겠습니다. 그렇게 생각하면 특별해지고 싶고, 남다르고 싶다는 욕망은 보편적인 욕구라고 할 수도 있겠습니다.

그렇다고 해도 '특별해지고 싶다'는 바람은 여전히 중심centrum, center에서 벗어난 것이라고 보기는 어렵습니다. 미키가 말한 엑센트리시티, 즉 이심은 '중심'에 얽매이는 것이 아니라 오히려 '외부'에 초점을 맞춘 삶의 방식을 의미합니다.

모두와 다르게 특별하고 싶고, 더 나아가 주목받고 싶이 하는 사람은 '중심'에 사로잡혀 있습니다. 모두의 인정이 필요하기 때문입니다.

중심에서 벗어난 사람은 자신이 특별하다고 생각하지 않습니

다. 특별하고 싶고, 뛰어나고 싶다는 욕망에 흔들리지도 않습니
다. 단지 다른 많은 사람과는 다른 생각을 가지고 있고, 다른 의
견을 낼 수 있는 용기를 가지고 있을 뿐입니다.

내게 가치가
있음을 믿어라

자신이 누구인지 속성으로만 나타내는 사람들이 있습니다. 소속된 회사명이 아니면 자신을 설명할 수 없는 겁니다. 직책이나 학력으로 자신이 뛰어난 것을 자랑하려는 사람도 있지요.

저는 정신과 병원에서도 상담을 해왔는데, 거기서 이런 모습을 자주 봤습니다. 첫 상담은 늘 자기소개로 시작됩니다. 직함이나 학력 같은 속성으로만 자신을 설명하는 사람이 적지 않더군요.

앞에서도 설명했지만, 속성이란 "저 사람 참 아름답네"라고 말할 때의 '아름다움'처럼 그 사람에게 붙어 있는 것이지, 그 사람 자신은 아닙니다. 외모가 달라지더라도, 병으로 몸을 자유롭게 움직이지 못하더라도, 그것은 사람이 가진 속성이 변한 것일 뿐 자신이 더 이상 자신이 아니게 되는 것은 아닙니다. 어린 시절의 나와 지금의 내가 겉모습이 달라졌다고 해서 내가 아니라고 의심하는 사람은 없습니다. 나 자신은 바로 '인격'인 것이지요.

학력도 속성입니다. 속성을 늘어놓으며 자기소개를 하는 사람은 결국 이력서를 읽는 것과 다름없습니다. 그런데 아무리 속성을 많이 알게 된다고 해도 그 사람이 어떤 사람인지는 알 수 없습니다. **속성은 개인이 지닌 개성이 아니라, 다른 사람에게도 나타나는 공통적인 특성에 불과하기 때문입니다.**

심근경색으로 입원했을 때의 저는 오로지 '환자'라는 속성만 남아 있었습니다. 병원이라는 공간에서는 바깥세상에서의 경력은 아무 의미가 없었지요. 병에 걸리면 그동안 막연하게 가져왔던 오래 살 것이라는 믿음이 흔들립니다. 인생의 끝이 있음을 깨닫고 지금까지의 삶의 방식을 되돌아보게 됩니다. 동시에 자신의 사회적 지위가 병 앞에서는 얼마나 보잘것없는지도 느끼게 됩니다.

환자가 되었다고 해서 자신이 자신이 아니게 되고, 개성을 잃게 되는 것도 아닙니다. 다만 사회적 지위가 더 이상 효력을 발휘하지 못하는 상황에 놓였을 때, 이 사실을 받아들이기 어려워하는 사람이 있지요. 하지만 이 사실을 받아들일 수 있게 되면 인생은 바뀝니다.

지금까지는 속성으로만 자신을 나타낼 수 있었던 사람이 죽음의 문턱 앞에 서는 경험을 하면, 그런 속성이 자신의 본질이 아니라는 것을 깨닫게 됩니다. 속성을 내세우지 않고도 '나는 나'임을 느낄 수 있게 되는 것이지요.

물론 그렇게 하지 못하는 사람도 있습니다. 자신이 한 명의 환자일 뿐이라는 사실을 받아들이지 못하고, 사회적 지위를 내세우며 자신이 얼마나 대단한지 과시하고 특별 대우를 요구하기도 합니다.

자신이 인간 이상의 특별한 존재라는 것을 학력이나 소속, 직책 같은 속성으로만 나타낼 수 있다고 믿는 것은, 자기 자신이라는 것만으로는 자신에게 가치가 없다고 생각하기 때문입니다. 즉 스스로 자기 가치를 발견하지 못했다는 뜻입니다.

은행 지점장까지 역임한 한 남성이 뇌경색으로 거동이 어려워지자, 이런 몸으로는 더 이상 살 가치가 없다며 "날 죽여줘!"라고 계속 소리쳐서 가족들을 괴롭게 했다는 이야기를 들은 적이 있습니다. 어떻게 해야 이런 상황에서도 살아갈 가치가 있다고 여길 수 있을까요. 이런 부분을 생각하지 않을 수 없습니다.

'살아 있다'는 것 자체로 이미 충분한 가치가 있습니다. 갓 태어난 아기는 부모의 도움 없이는 살 수 없습니다. 혼자 힘으로는 아무것도 할 수 없지요. 그렇다고 주위에서 아기에게 살아갈 가치가 없다고 하던가요. 오히려 아기를 보며 행복해합니다. 어른도 마찬가지입니다. 몸을 마음대로 움직일 수 없더라도 살아 있다는 것 자체로 이미 주변 사람에게 공헌하고 있는 겁니다. 이렇게 생각해도 됩니다.

입원했을 때 사회적 속성으로부터 자유로워지는 경험을 하고, 그것이 편안하다는 것을 알게 되면, 더 이상 예전으로 돌아가기는 어렵습니다. 돌아갈 필요도 없다고 생각하게 되지요.

'모난 데'도
있어야 한다

　모두와 다르게 사는 것을 두려워하는 사람이 있다고 앞에서 언급했습니다. 여기서 말하는 '모두'는 모호한 감이 있습니다. 당연히 주변에 있는 사람들만 '모두'인 것은 아니지요.

　평범하게 살고 싶지 않고, 통념적인 방식에서 벗어나 특별해지고 싶어 하는 사람도 있습니다. 그런데 자기 생각과 삶의 방식이 남들과 다르다는 점을 지나치게 의식하고 있다면, 이미 통념에 얽매여 있다고 할 수 있습니다.

　모두와 같다면 안심할 수 있습니다. 그런데 그러면 돋보이지 않습니다. 그러니 진정으로 같은 삶을 바라는 건 아닙니다. 하지만 다른 사람과 다르기 위해 눈에 띌 필요는 없습니다.

　돋보인다는 것이 경쟁에서 이겨 뛰어남을 인정받는 의미라면, 언제 또 경쟁에서 밀릴지 불안해질 수밖에 없습니다. 하지만 경쟁하지 않아도 훌륭한 일을 할 수 있습니다. 따라서 돋보이려고 애쓰지 않아도 됩니다.

다른 사람과 비교하는 한 개성적인 사람이 될 수는 없습니다. 나는 나일 뿐입니다. 다른 사람과 달라도 그저 다를 뿐 우열을 나눌 수는 없습니다. 천천히 걷는다고 뒤처지는 게 아닌 것처럼, 앞서 걷는다고 해서 더 뛰어난 것도 아닙니다.

부모는 아이가 자신들의 말을 듣고 평범하게 살기를 원합니다. 아이에게 조금이라도 특이한 점이 있으면, 그것을 결함으로 여기고 고치려고도 합니다. 그런 부모의 말을 순순히 따르는 아이는 문제 행동도 반항도 하지 않는 '착한 아이'가 되겠지요.

이렇게 자란 아이는 한구석도 모난 데가 없게 됩니다. '모난 데가 없는' 아이는 그야말로 세간에서 말하는 평범한 아이가 되어버리고 맙니다. 하지만 제가 말하는 '평범한 아이'란 그런 의미가 아닙니다. 흠 없는 보통 아이를 뜻하는 것도 아닙니다. 자신의 모난 부분을 단점이 아니라 장점으로 여기고, 그 고유한 모습을 지켜나가는 아이를 말합니다. 오히려 흠 없는 보통의 '착한 아이'는 대범함을 잃고 말지요.

모두와 다른 점, 그게 바로 '개성'입니다. 다른 많은 사람과 다르다는 사실을 의식하지 않고 '나는 나다'라고 생각하는 것. 그런 의미에서 **자신의 개성과 개성 있는 그대로의 자신을 받아들일 수 있다면, 남들과 다른 특별한 사람이 되려고 하지 않아도 저절로 다른 사람이 될 수 있습니다.**

개성은 스스로 발견하기도 하지만, 주변 사람들이 찾아주기도 합니다. 유카와 히데키도 그랬다고 합니다. 그는 자서전에서 자신이 별로 눈에 띄지 않는 존재였다고 밝혔습니다. 학자였던 그의 아버지는 자기 아이들을 모두 학자로 키우려 했고, 그 삶만이 인간으로서 훌륭한 일을 하는 것이라고 여겼습니다. 따라서 유카와만큼은 다른 길을 찾아 걷게 해야 한다고 생각했습니다. 그때 유카와의 어머니가 이렇게 말했습니다.

눈에 띄지 않는 아이도 있는 법이지요. 눈에 띄는 아이나 재능이 넘치는 아이가 반드시 훌륭한 일을 하는 사람이 되는 건 아닐 거예요. 오히려 눈에 띄지 않아도….

_유카와 히데키의 《나그네旅人》

부모가 자녀에게 자신이 걸어온 길을 그대로 따르라고 하거나 특정한 진로를 강요하는 경우가 많습니다. 의사나 정치인이 대표적이지요. 성적이 좋으면 의대나 명문대에 보내려고 열과 성을 다합니다. 이런 부모는 자녀의 개성에는 관심을 갖지 않습니다.

변하지 않는 것은 '인격'뿐이다

부모가 다른 형제자매에게는 없는 개성을 알아봐 주면, 아이는 그걸 자연스럽게 인식하게 됩니다. 부모가 알아봐 주지 못한다고 해도 주변 사람들이 발견해 준다면, 그 또한 아이에게 자기 개성을 인식하는 계기가 됩니다. 하지만 누구도 알아봐 주지 않는다면 결국 스스로 발견할 수밖에 없습니다. 그러기 위해서는 '모두'와 다르다는 것을 두려워하지 말아야 합니다. 다른 누구와도 똑같은 인생을 살지 않아도 괜찮다고 생각할 수 있어야 합니다.

진정한 자신감은 남보다 뛰어나다는 비교에서 생기지 않습니다. 특별해지려 애쓰지 않더라도 '모두'와 똑같이 살아가는 방식에서 벗어나 스스로 생각하고 선택할 때 비로소 자신감이 생겨

납니다. 부모가 어떤 삶을 강력히 권유한다고 해도, 그 말을 순순히 따르지 않고 남들과 다르게 살 방법은 없는지 한번 멈춰 서서 생각해 봐야 합니다.

그러려면 누구와도 다른, 자신만의 개성에 주목해야 합니다. 개성은 일반적인 속성과는 그 궤가 다릅니다. 학력은 물론이고, 업무 능력 또한 어디까지나 속성에 불과합니다. 속성이 사라져도 그 사람의 가치는 달라지지 않습니다.

사람은 살면서 끊임없이 변합니다. 속성은 그때그때의 상태를 보여주는 지표이긴 하지만, 그것이 곧 그 사람 자체를 의미하지는 않습니다.

외형이나 사회적 위치가 바뀌어도 절대 변하지 않는 것이 있습니다. 바로 '인격'입니다. 속성은 인격이나 개성이 아닙니다. 같은 회사에 다니는 사람들은 같은 속성을 지닙니다. 이는 그저 그 회사에 소속되어 있다는 사실을 보여줄 따름이지요.

눈에 띄고 싶지 않은 사람, 모두와 같아서 좋다고 생각하는 사람, 튀지 말라는 말에 휩쓸리는 사람, 심지어 아무런 생각 없이 모두와 똑같이 말하고 행동하는 사람은 자신이 언제든 다른 누군가로 대체될 수 있는 존재라는 것을 인정하는 것과 다름없습니다

사람들에게 인정받고 주목받기 위해 특별히 잘해야 한다거나, 특별히 못되게 굴어야 한다는 생각은 하지 마십시오. 평범해

도 괜찮다, 특별하지 않아도 된다는 생각이 자신감으로 이어집니다. 타인의 시선을 의식하지 않고, 그저 좋은 일을 하기 위해 노력하면 이런 마음은 저절로 생깁니다.

굳이 경쟁에서 이기려고 애쓰거나 주목받으려고 애쓸 필요 없습니다. 꾸미지 않은 있는 그대로의 자신을 좋아할 수 있다면, 억지로 자신을 과장할 필요도 없고, 인생을 훨씬 더 편하고 가볍게 살아갈 수 있을 겁니다.

자기중심적 사고에서
벗어나라

　양적으로 측정할 수 있는 것이라면 비교하거나 경쟁하는 것이 가능합니다. 개성 같은 질적인 것은 비교할 수도 경쟁할 수도 없습니다. 자신의 개성을 인정하는 사람은 다른 사람과 비교도 경쟁도 하지 않을 겁니다. 하지만 자신감이 부족한 사람은 오히려 양적 기준에 기대어 다른 사람과 경쟁하려 들지도 모릅니다.

　무조건 성과를 내고 경쟁에서 이겨야 한다고 생각하는 사람은, 오로지 '나'에게만 관심을 가지며 자신이 세상의 중심에 있다고 생각합니다. 아들러는 "자기 자신에게만 향한 관심을 다른 사람에게 돌려야 한다"고 말했습니다.

　오늘날 많은 문제가 이런 자기중심적 사고에서 비롯된다고 해도 과언이 아닙니다. 경쟁보다 협력하면 되는데, 경쟁만 하며 살아온 사람은 협력하며 사는 것이 무엇인지 이해조차 하지 못합니다.

유능해도 주변 평판이 좋지 않은 사람이 있지요. 이런 사람은 대체로 겸허하지 못하고, 실수를 지적받으면 핏대를 세우며 부정합니다. 자신이 남과 다르다고 여기기 때문에 작은 지적에도 상처를 받고 자존심 상해하는 것이지요. 이렇게 자신이 어떻게 보일지에만 신경 쓰는 사람도 자기 자신에게만 관심이 있을 뿐입니다.

유능해도 호감을 얻지 못하는 사람이 어디 이런 사람뿐일까요. 공부나 일을 압도적으로 잘해도 그렇습니다. 그 실력은 인정하는 바이지만, 아무리 노력해도 따라잡을 수 없으니 열등감을 느낄 수밖에요. 이런 사람은 동경받을 수는 있더라도 사랑받기는 어려울 겁니다.

단순히 그 사람이 뛰어나서 열등감을 느끼기 때문만은 아닙니다. **자기 자신에게만 관심을 두고 다른 사람과 협력하려는 모습을 보이지 않기 때문입니다. 유능하더라도 다른 사람과 협력하지 않으려고 하면, 학교에서도 일터에서도 금세 고립되고 맙니다.**

협력이란 힘을 합치거나 서로 돕는 것을 말하지요. 다른 사람에게 지식을 나눠주는 것이 대표적입니다. 그런데 이런 지식을 나눠주는 일, 즉 내가 아는 것을 남에게 가르쳐주면 손해라고 여기는 사람들이 있습니다. 에리히 프롬이《자기를 위한 인간Man for Himself》에서 지적했듯이, 이런 사람들은 '주는 것give'은 '잃는 것give up'이며, 주게 되면 가난해진다고 생각합니다.

눈앞의 일만 보고 자신만 생각하는 학생이 있다면, 이는 경쟁의 폐해이며 교육의 실패라고 말할 수 있습니다. 직장에서도 마찬가지입니다. 자신의 보신과 승진에 급급한 사람은 상사의 갑질을 보면서도 모른 척합니다. 갑질을 당하는 동료도 돕지 않고, 자신이 당해도 상사와 맞서려 하지 않습니다. 자기 자신만 보기 때문입니다.

아들러는 "누구나 무엇이든 이룰 수 있다"고 말했습니다. "누구나 노력하면 무엇이든 해낼 수 있다"라는 이 민주적 격률은 "천재의 자만심을 꺾는다"고도 말했지요(《삶의 과학》).

이 격률을 받아들인다면, 유능하다고 자인하는 사람도, 다른 사람에게 그렇다고 평가받는 사람도 자만하는 일은 없어질 겁니다. 자신이 유능한 것은 타고난 재능 때문이라고 생각했던 사람도 노력이 그 차이를 만들어낸다는 것을 깨닫는다면, 견처히게 너욱 노력할 것입니다.

이 격률을 받아들일 수 없다면, "항상 기대받고 있다는 압박을 짊어지고, 늘 앞으로 떠밀리며, 지나치게 자기 자신에게 관심을 갖는다"라는 아들러의 말대로 되겠지요. 기대받고 있다는 중 압감에 시달리는 유능한 사람은 사명감 때문이 아니라 다른 사 람에게 잘 보이고 싶어서 애를 씁니다. 그런 의미에서 역시 자기 자신만 본다고 할 수 있습니다.

공헌감을
가져라

관심을 자기 자신에게만 두지 않고 다른 사람에게도 돌릴 수 있게 되면, 자신의 지식을 다른 사람과 나눌 수 있습니다. 이렇게 하는 것이 내게 손해가 되지 않을까, 그 사람이 나를 능가하지 않을까 하는 두려움도 사라집니다. 청출어람이라고, 오히려 자신을 뛰어넘는다면 그것은 자신의 가르침이 훌륭하다는 이야기겠지요. 교사라면 뛰어난 교육자라는 증거일 겁니다.

교사의 지도에도 학생의 성적이 오르지 않는다면 능력 있는 교사라고 할 수 없습니다. 학생이 공부를 게을리해서가 아니라 교사의 지도 방식에 문제가 있을 수 있습니다.

상사 역시 부하 직원에게 지식과 기술을 전수해 준다는 점에서 교육자와 같습니다. 자신의 비기를 아낌없이 나누더라도 상사가 가난해지는 일은 없을 겁니다. 오히려 부하 직원이 성장하지 않고 자신의 능력을 뛰어넘지 못한다면 상사의 지도가 별로였다는 뜻이 되겠지요. 상사가 잘 가르쳤다면 부하 직원은 눈부시게 성장할 겁니다.

이와는 달리 부하 직원의 성장을 방해하는 상사가 있습니다. 이런 상사는 부하 직원과 경쟁하고 있는 겁니다. 늘 부하 직원이 실패한 것만 되풀이한다던가, 해봤자 소용없다는 식의 말로 부하 직원의 의욕을 꺾습니다. 자신을 넘어서게 되는 것을 경계하는 것이지요.

아들러는《아들러는 아이들을 이렇게 치유했다The Pattern of Life》에서 주목받기 위해 남을 방해하는 것보다 "다른 사람을 돕는 일이 훨씬 더 용기가 필요하다"고 말했습니다.

자신만 주목받고 싶은 마음에 부하 직원의 성장을 방해하는 상사는 조직에도 도움이 되지 않습니다. 부하 직원이 실패하거나 성과를 내지 못했을 때는 교육 및 지도하는 것으로 상사가 도와야 합니다. 이럴 때 아들러가 말한 **'공헌감'**을 가질 수 있게 됩니다. 공헌감이란 '내가 타인에게 도움이 되고 있다는 내적 확신'을 말합니다. 이 공헌감이 생기면 부하 직원과 함께 성장하고 협력하는 것에 기쁨을 느끼게 되고, 경쟁의식도 옅어져 긴장된 삶에서도 벗어날 수 있습니다.

타인에게 관심을 기울이면 '내어줄' 수 있지만, 자기 자신에게만 관심을 가지면 그럴 수 없습니다. 아들러는 이렇게 말했습니다.

자신이 돋보이는 데에만 마음이 쏠린 사람은 다른 사람에게 관심이 없기 때문에 주려고 하지 않습니다.

라틴어 속담에 '둠 도켄트, 디스쿤트Dum docent, discunt'라고 '사람은 가르치는 동안에 배운다'라는 말이 있습니다. 제대로 이해하지 못하면 가르칠 수 없으니, 가르치는 과정에서 자신의 이해도를 확인하게 되고 부족한 부분은 스스로 채워간다는 뜻이지요.

누군가를 가르쳐본 경험이 있는 사람이라면 이 사실을 잘 알고 있을 겁니다. 교사의 가르침은 학생들의 실력 향상을 위해서지만, 제대로 가르치려면 교사가 학생보다 더 많이 공부할 수밖에 없습니다. 당연히 교사가 아는 것이 더 많게 되겠지요. 물론 학생들의 실문에 답을 못할 수도 있습니다. 하지만 이는 가르치는 사람이 무능해서가 아닙니다. 누구에게나 모르는 부분이 있기 때문에 생기는 일일 뿐입니다.

유능한 사람이 종종 다른 사람에게 열등감을 안겨주기도 한다고 설명했습니다만, 다른 사람에게 관심을 기울이고 자신의 지식과 기술을 나눔으로써 공헌하려는 유능한 사람은 모두에게 사랑받으며 고립되는 일이 없습니다.

배우는 사람도 배우는 것을 부끄러워할 필요 없습니다. 가르치는 사람은 조금 더 빨리 배웠을 뿐이고, 그걸 노력해서 갈고 닦았기에 다른 사람을 가르칠 수 있게 된 것입니다. '노력했기 때문에 가르칠 수 있는 사람이 되었구나' 하고 그 과정을 이해하고 깨닫는다면, 자신도 노력하면 할 수 있다는 확신을 얻게 될 겁니다.

소수만 뛰어나고, 나머지는 열등감에 눌려 의욕을 잃는 조직은 바람직하지 않습니다. 아는 사람이 가르치고, 그 지식의 전수를 통해 모두가 함께 성장하는 조직이 바람직합니다.

모두가 협력하면, 할 수 있는 사람뿐만 아니라 모두가 성장할 수 있습니다. 경쟁하는 구조보다, 상사를 포함해 모두가 함께 지식을 습득하고 협력해 나가는 분위기가 조성될 때 자신뿐만 아니라 타인도 의욕적으로 업무에 참여하게 됩니다.

이렇게 다른 사람을 가르치는 것으로 자기 자신에게만 쏟던 관심을 타인에게 돌리고, 우월성 추구를 올바른 방향으로 이끌 수 있습니다.

쫓기는 삶에서
한발 물러나기

공부나 업무뿐만 아니라 사는 것 자체를 경쟁으로 여기는 사람이 있습니다. 이런 사람은 경쟁의 무대에서 내려오는 것이 어떤 의미인지 알지 못합니다. 승패라는 잣대에서 자유로워지면 인생 자체가 다르게 보이기 시작합니다.

경쟁에서 벗어난다고 해도 걱정하는 것만큼 무서운 일이 벌어지지는 않습니다. 지는 것을 아무렇지 않게 생각한다는 의미가 아닙니다. 승패와 상관없이 공부도 하고 일도 하면, 지는 게 두려워 쫓기는 상황은 없을 거란 이야기입니다. 지금은 이기고 있지민 언센가 실지도 모른다는 불안에서 벗어나게 되고 마음의 여유도 생기지요.

일본의 소설가 아쿠타가와 류노스케芥川龍之介의 단편 소설《거미줄蜘蛛の糸》을 한 번 봅시다. 악행을 저지르고 지옥에 떨어진 주인공 간다타는 생전에 그가 한 번 베푼 선행으로 부처가 내려준 한 가닥의 은색 거미줄을 붙잡고 지옥에서 벗어나려고 합니다. 줄을 타고 올라가다 문득 아래를 내려다보니 다른 죄인들도 그 거미줄을 붙잡고 올라오고 있었습니다. 가느다란 한 줄기 거미줄이 끊어질까 두려워진 간다타는 외칩니다.

"이 거미줄은 내 것이야!"

그 순간 거미줄은 끊어지고, 이 장면을 바라보던 부처는 슬프게 여기며 자리를 뜹니다.

경쟁하면 모두 함께 나락으로 떨어지고 맙니다. 누군가가 이겼다는 것은 누군가는 졌다는 의미지요. 이긴 사람은 성과를 내고 더 열심히 하겠지만, 진 사람은 의욕을 잃게 됩니다. 전체적으로 보면 플러스마이너스 제로가 되어버리며, 한 사람이 이겼다고 해도 일은 혼자서 할 수 없기에 제로를 넘어 마이너스가 되기도 합니다.

'주는 행위'가
세상을 바꾼다

어떤 공동체에 속하고자 하는 마음은 인간의 기본적인 욕구
입니다. 아들러는 이렇게 말했습니다.

우리는 늘 공동체와 연결되길 바라거나 연결되어 있다고 믿는
것에서, 적어도 연결된 것처럼 보이고 싶어 하는 데서 독자적인
생활양식과 사고방식, 행동 기술이 생겨난다.

_《아들러의 인간이해》

그렇지만 단순히 소속되어 있다는 사실만으로는 공동체에 연
결되어 있다고 느끼지 못합니다. 소속감은 '주는 행위'를 통해 얻
을 수 있습니다. 다만 주기 위해 무언가 특별한 일을 해야 하는

것은 아닙니다.

예를 들어, 아기가 태어나면 가족은 바뀝니다. 아기가 아무것도 하지 않아도 가족의 생활은 달라집니다. 아기가 태어나기 전에는 어땠는지 떠올리기 어려울 정도지요.

어른도 마찬가지입니다. 신입 직원이 입사했을 때, 그 회사는 이전부터 존재하고 있었지만 새 직원이 들어오는 순간부터는 이전과 같을 수 없습니다. 갓난아기가 가족을 변화시키듯이 새 구성원의 존재가 회사를 바꾸기 때문입니다. 따라서 회사에 자신을 맞출 생각만 할 필요는 없습니다.

아기와 다른 점이 있다면, 어른은 **행위로도 공동체를 바꿀 수 있다**는 겁니다. 예를 들어, 상사의 지시가 이상하다고 느껴질 때 조용히 따르는 대신 의문점을 제기하면 회사는 바뀝니다.

앞에서도 말했지만, 조직 분위기상 새로운 의견을 내는 게 어려울 때도 있습니다. 속으로는 이상하다고 생각하면서도 목소리를 낼 용기가 없었을 테지요. 그렇지만 지금껏 아무도 시도하지 않았던 것을 누군가가 시작하면 회사는 바뀝니다.

이의를 제기하지 않더라도 변화를 이끌어낼 수 있습니다. 아무도 생각지 못했던 새로운 제안도 조직을 변화시킵니다. 물론 새로운 아이디어는 큰 저항을 불러일으킬 수 있습니다. 그렇지만 이전의 성공 사례만을 반복한다면, 실패할 위험은 피할 수 있어도 혁신은 일어나지 않습니다. 새로운 시도에는 위험이 따르

지만, 변화를 두려워하고 손실을 피하려고만 하면 조직은 발전
할 수 없습니다.

　회사에 속한 사람만이 아닙니다. 누구든 '주는 행위'를 통해
자신이 속한 공동체를 바꿀 수 있는 힘이 있습니다.

‘기브 앤 테이크’
함정에서 벗어나라

조직을 바꾸기 위해 다른 사람과 경쟁할 필요는 없습니다. **변화는 경쟁이 아니라 협력에서 생깁니다.** 예를 들어, 누군가가 조언을 구했을 때 그에 응답하는 것과 같은 일입니다.

그런데 도움을 청한 사람을 경쟁 상대로 여기게 되면, 도와주는 것이 뭔가 손해를 본 것처럼 느껴질지도 모릅니다. 조언을 받은 사람이 성공적으로 일을 해냈다면 경쟁에서 진 것으로 여기는 사람도 있을 테지요.

그렇다고 주는 것이 손해로 이어지는 것은 아닙니다. 주면 손해라고 여기는 사람은 무슨 일이든 ‘기브 앤 테이크’로 생각합니다. 내가 이만큼 해줬으니 너도 이만큼 해달라는 계산을 깔고 있지요.

그러다가 어느 순간 보답을 바라지 않고 주었는데, 뜻하지 않게 기쁜 마음이 들 때가 있습니다. **이 감정이 바로 '공헌감'입니다.**

이제껏 주는 것을 늘 손해로 여겼던 사람도 대가 없이 베풀었을 때 찾아오는 이 기쁨을 한 번이라도 경험하고 나면 주는 행위의 즐거움을 알게 됩니다.

내가 준 것이 받은 상대로부터 직접 돌아오지 않을 수도 있습니다. 그렇지만 자신이 가진 것을 아낌없이 베푸는 사람은, 그 사람이 도움을 필요로 할 때 누군가의 손길이 찾아옵니다. 모두가 할 수 있는 만큼 다른 사람에게 주게 되면, 그것은 돌고 돌아 결국 자기 자신에게로 되돌아옵니다.

다른 사람에게서 받는 것만 생각하는 사람도 분명 있을 겁니다. 처음에는 계속 주변의 도움을 받을 수 있겠지만, 받는 것만 당연하게 여기고 주는 것을 하지 않는다면, 어느 순간 곁에 아무도 남지 않게 될 겁니다.

자신에게 돌아올 것을 기대하며 주는 태도 역시 바람직하지 않습니다. 주는 행위를 통해 공헌감을 느끼고, 자신에게 가치가 있다고 여기는 것은 좋은 일입니다. 그렇지만 자신의 가치를 확인하기 위해 의도적으로 주는 것은 잘못입니다. 진정 유능한 사람은 자신의 능력을 과시하지 않고 자연스럽게 줄 수 있는 사람입니다.

진정으로 유능한 사람이 되려면, 누군가가 도움을 요청했을 때 '나는 못할 것 같다'거나 '왜 하필 나한테만 부탁하는 걸까' 같은 생각 대신 그냥 한번 맡아보는 것도 필요합니다. 항상 대가를 염두에 두고 있으면 '돌아오는 것이 없어도 괜찮다'라고 여기는 게 어렵겠지만, 다른 사람의 요청을 거절하지 않고 받아들였을 때 자신이 어떻게 느끼는지 한번 살펴보는 것도 중요합니다.

소속감은 인간의 기본적인 욕구이지만, 공동체에 속해 있다는 것과 그 중심에 있다고 여기는 것은 별개의 문제입니다. 자신이 공동체의 중심에 있다고 여기는 사람은 다른 사람이 자신의 기대대로 움직이지 않는 것에 불만을 품습니다.

하지만 다른 사람이 자신의 기대대로 행동하지 않는다고 해서 화낼 이유는 없습니다. **만약 자신이 타인의 기대에 부응하며 살고 싶지 않다면, 다른 사람에게도 같은 권리가 있음을 인정해야 합니다.**

재능의
진짜 의미를 찾아라

다른 사람과 협력하려면 단지 공동체에 속해 있다고 느끼는 것만으로는 부족합니다. 공동체 안에서 자신이 해야 할 역할이 있다고 믿어야 합니다. 그 역할은 사람마다 다르며, 유능한 사람에게는 다른 사람을 위해 자신의 재능을 살리는 것이 요구됩니다.

재능이라고 해서 타고난 것을 뜻하는 것은 아닙니다. 아들러의 말처럼 "적절한 교육을 받고 누구나 노력하면 무엇이든 해낼 수" 있습니다. 제 생각도 그렇습니다.

노력해 얻은 능력을 오로지 자기 자신만을 위해 사용하고자 하는 사람은 개인적 우월성을 추구하는 것이며, 자신의 뛰어남을 인정받는 것으로 흡족해합니다.

아들러가 말하는 개인적 우월성은 단순히 자기 내부의 문제로 추구하는 것이 아닙니다. 다른 동료에게 지기 싫다는 감정처럼 인간관계 요소도 크게 작용합니다.

예를 들어, 꼭 명문대에 들어가야 한다거나 반드시 의사가 되어야 한다고 말하는 사람들이 있습니다. 저는 꼭 명문대가 아니어도 괜찮다고 생각하지만, 명문대 졸업이라는 타이틀을 얻기 위해 몇 번이고 시험에 도전하는 사람들이 있지요. 이런 사람들에게 중요한 것은 실력이 아니라 학력입니다.

유명 대학을 나왔다는 것에만 가치를 두는 사람은 친구를 이기고 싶어 개인적 우월성을 추구합니다. 이러한 노력과 에너지의 방향을 바꿔야 합니다.

자신에게만 관심을 두는 사람은, 자신의 노력이 충분히 보상받지 못할 것 같으면, 어려운 과제를 직면했을 때 쉽게 포기합니다. 그렇지만 타인에게 관심을 기울이고 공헌하려는 사람은 과제가 아무리 어렵더라도 쉽게 그만두려 하지 않습니다.

이런 노력이 다른 사람을 위해 자신을 희생하는 것처럼 보일지도 모릅니다만, 결코 그렇지 않습니다.

입시 공부를 할 때, 그저 대입이나 의사 자격 취득만을 목표로 삼으면 학습 의욕이 오래 지속되기 힙듭니다. 의사가 되어 성공하겠다는 욕망만 있고 아픈 사람을 돕고 싶은 마음이 없다면, 의사로서 계속 일할 수 있을까요?

제 아버지는 치매를 앓으셨습니다. 제가 간병을 했는데, 담당 의사는 요청만 있으면 밤이든 휴일이든 언제든 달려왔습니다. 그런데도 고단한 기색은 없고 오히려 밝은 표정이었습니다. 다른 사람에게 공헌한다는 기쁨을 느꼈기에 가능한 일이었겠지요.

중고통합학교에 다니는 학생들이 입학하자마자 명문대나 의대 진학을 두고 이야기한다는 말을 들은 적이 있습니다. 학생의 3분의 1가량이 의대에 간 학교도 있더군요. 의사가 되겠다는 사람이 없으면 곤란해지겠지만, 성적이 좋다고 해서 모두가 의사가 될 필요는 없습니다. 의사가 되어서 무엇을 해야 할지 생각하지 않고, 의대에 들어가기만 하면 된다는 사람은 자기 자신만을 위해 그 재능을 쓰는 것과 다름없습니다.

성공하고 싶어 공부하는 것뿐이라면, 힘들어지는 순간 그만둘지도 모릅니다. 하지만 의사가 되어 아픈 사람을 돕고 싶은 것이라면, 힘들어도 공부를 그만두고 싶지 않을 겁니다.

의사가 되었다고 공부가 끝나는 것은 아닙니다. 의학은 하루가 다르게 발전하고 있습니다. 환자의 생명을 구하고 지키기 위해서는 끊임없이 배워야 합니다. 그 공부가 경쟁에서 이기기 위한 것이라면 힘들게 느껴지겠지만, 환자의 생명을 구하기 위함이라면 힘들게 느껴지지 않을 겁니다.

환자의 생명을 구하는 일은 때론 힘겹기도 합니다. 그렇지만 환자를 살렸을 때의 공헌감은 이루 말할 수 없을 겁니다. 자신이

한 일과 그것을 해낸 자신에게 가치를 느끼게 될 테고요. 물론 공헌감을 얻기 위해 의사가 된다면 본말이 전도된 것이겠지요.

허영심이 강한 사람에게 일은 괴롭게만 느껴집니다. 자신이 돋보이게 애쓰더라도 실제 능력이 부족하면 다른 사람의 기대를 충족시키지 못해 초조하고 자신감도 생기지 않습니다.

자신이 다른 사람에게 공헌하고 있다고 느낀다면, 굳이 타인과 비교할 필요도 경쟁할 필요도 없습니다. 자신감이 생기고 초조함은 사라집니다.

살아 있다는 것만으로도
충분하다

특별해야만 공헌할 수 있는 것은 아닙니다. 이 점을 강조하고 싶군요. 눈에 띄는 성과를 내는 것으로 공헌하는 사람도 있긴 하지만, 공헌의 방식은 사람마다 다릅니다.

젊고 건강할 때는 무엇이든 할 수 있을 것 같지만, 질병이나 사고로 인해 거동이 불편해지는 일이 생기기도 합니다. 이런 일은 누구에게나 일어날 수 있지요. 그렇다고 해서 자신의 가치가 사라지는 것도, 다른 사람에게 공헌할 수 없게 되는 것도 아닙니다.

20세기 가장 위대한 첼리스트 중 한 사람으로 꼽히는 자클린 뒤 프레Jacqueline du Pré는 스물여덟 살에 다발성 경화증 진단을 받았습니다. 어느 공연 날 갑자기 팔과 손가락의 감각을 잃었고, 오랜 투병 생활을 이어오다 끝내 마흔두 살이라는 젊은 나이에

생을 마감하고 말았지요. 너무 이른 나이에 병을 얻었지만 프레는 비탄에만 잠기지 않았습니다. 연주자로 무대에 서기 어려워진 뒤에도 타악기를 연주하고, 러시아의 음악 거장 세르게이 프로코피예프Sergey Prokofiev의 음악 교육용 실연 동화 〈피터와 늑대Peter and the Wolf〉에 해설자로 참여해 낭독하기도 했습니다. 가능한 한 계속 무대에 올랐던 것이지요.

이 이야기가 특수한 사례처럼 보일 수도 있습니다. 그렇지만 자신이 원하던 길을 걷지 못한 경험을 한 사람이 꽤 많을 겁니다. 연구자가 되고 싶었지만 자리가 없어 기업에 입사한 사람도 있을 테고, 프로 스포츠 선수를 꿈꾸었지만 부상으로 접어야 했던 사람도 있겠지요. 그렇다고 해서 모든 길이 사라지는 것은 아닙니다. 다른 자리에서 할 수 있는 일이 얼마든지 있습니다. 그러니 이 길밖에 없다고 집착할 필요 없습니다.

무슨 일이 있어도 변하지 않는 '나 자신'이 있기 때문입니다. 몸을 자유롭게 움직일 수 없고, 일을 할 수 없는 것은 '속성'일 뿐이지 그게 나 자신은 아닙니다. 이 모자를 벗고 저 모자를 썼다고 해서 다른 사람이 되는 게 아니듯이요.

사람은 무엇을 하든 하지 않든, 존재하는 것, 살아 있는 것으로도 이미 가치가 있습니다. **존재하는 것만으로도 충분합니다.** 일로 공헌해 온 사람이 병에 걸리거나 나이가 들어서 아무것도 할 수 없게 된다면 그 사람의 가치가 사라지는 것일까요? 그렇지 않습니다. 그냥 일이라는 형식으로 더 이상 공헌하지 못하게 되었을 따름이지요.

요즘에는 무언가를 하지 않으면 가치 없는 것처럼 여기는 사람이 많은 듯 보입니다. 자신은 언제까지나 일할 수 있다고 생각하는 건지, 일할 수 없는 사람은 더 이상 살 가치가 없다고 생각합니다. 하지만 이런 사람들도 어린아이가 아무것도 못하지만 살아 있는 자체만으로도 기쁨을 안겨준다는 사실을 알고 있을 겁니다. 나이 든 부모가 일하지 않는다고 해서 살 가치가 없다고도 생각지 않겠지요.

무언가를 할 수 있다는 것에서만 자신의 가치를 찾는 사람은, 의식하지 않으면 '살아 있는 것만으로 공헌하고 있다'는 사실을 깨닫기 어려울 겁니다. 하지만 가족이나 친구가 병이나 사고로 입원했을 때, 상태가 좋지 않더라도 어쨌든 살아 있어서 다행이라는 생각이 들었다면, 자신 역시 그렇게 대해지리라 믿어도 됩니다. 아무도 자신이 일하지 못한다고 해서 가치 없다고 생각하지 않을 겁니다.

열등감에 대해서 틈틈이 이야기했지만, 자신이 부족하다고 느끼는 이유 중에는 행위로 공헌하지 못하고 있다는 생각 탓도 있습니다. 그러나 살아 있다는 것은 타인과 비교해 평가할 수 있는 성질의 것이 아닙니다. 어떤 모습으로든 존재하고 있다는 것,

살아 있는 것만으로도 다른 사람에게 공헌할 수 있고, 그 자체로 가치가 있다고 생각합니다.

존재하는 것, 살아 있는 것이 타인에게 공헌이 되는 이유는, 같은 공간을 공유하는 것만으로도 사람은 서로에게 영향을 주고받기 때문입니다. 우리는 다른 사람을 전혀 의식하지 않고서는 살 수 없습니다. 의식적으로나 무의식적으로나 우리는 일상에서 타인의 존재로부터 영향을 받고 있습니다.

예를 들어, 만원 전철 안에서는 평소와는 달리 다른 사람과 밀착하게 되는 경우가 많습니다. 그렇기에 서로 관심 없다는 것을 나타내기 위해 창밖을 보거나 스마트폰 화면에 집중합니다. 또한 승객이 적어 자리가 많은데도 누군가가 굳이 옆자리에 앉으면 미묘한 압박감을 느끼기도 하지요. 이런 상황은 물리적으로 같은 공간에 머무는 것만으로도 서로에게 영향을 미치고 있다는 사실을 잘 보여줍니다.

일터나 가정 같은 일상적인 공동체에서도 마찬가지입니다. 한 사람의 불만스러운 태도가 전체 분위기를 무겁게 만들기도 합니다. 반면 밝고 긍정적인 사람이 있으면 공기가 한결 부드러워지지요. 그 사람이 특별한 행동을 하지 않아도, 거기 존재하는 것만으로 다른 사람이나 그 집단에 공헌하고 있는 겁니다.

이처럼 존재 자체가 주변에 영향을 주는 것은 비언어적 상호작용의 한 모습입니다. 한 사람의 존재감이나 행동은 그 사람이

발하는 분위기와 에너지로 다른 사람에게 전해지고, 그 공간의
분위기를 형성하는 요소가 됩니다. 딱히 말이나 행동이 없어도,
그 자리에 있음으로써 공동체 안에서 역할을 수행하고 다른 사
람에게 공헌할 수 있는 것입니다.

나에게 진정
중요한 것은 무엇인가

경쟁 사회 속에서 살아간다고 해도 '나는 경쟁하지 않겠다'라고 결심할 수는 있습니다. 이 사회를 바꾸긴 어렵겠지만요. 경쟁에서 이길 것만 바라보면 공부든 일이든 승패에 집착하겠지만, 이긴다고 해서 큰 의미는 없습니다. 일은 평가받겠지만, 좋은 평가를 받지 못했다고 해서 진 것은 아닙니다.

경쟁이 의미 없는 이유는, 인생에서 정말 중요한 것은 타인과의 경쟁에서 이겨 성공하는 것이 아니기 때문입니다. 인생에서 무엇이 중요한지 누구나 한 번쯤은 생각해 봤을 겁니다. 다만 순풍에 돛 단 인생을 살아온 사람이라면 이런 질문에 굳이 눈길을 주려 하지 않았을 수도 있겠습니다.

예전에 제가 원고에 이렇게 쓴 적이 있습니다.

한밤중, 심장의 고동이 유난히 크게 들려와 문득 잠에서 깼을 때, 죽음이 가까이 온 건 아닌지 하는 생각을 누구나 한 번쯤 해봤을 겁니다.

그런데 편집자가 교정지에 연필로 적어놓은 문구를 보고 멈 칫했습니다.

저는 없습니다.

그 편집자는 일에서 많은 성공을 거두어 온 사람이었지요. 그는 성공을 거듭하는 와중에 '인생에서 성공보다 더 중요한 게 있지 않을까?' 하고 생각해 본 적이 없었던 것일까요? 아니면 그런 생각이 스쳐갔을 때 '이런 생각을 하면 안 돼' 하고 재빨리 밀어냈던 것일까요? 저는 후자 쪽이 아닐까 생각했습니다.

어느 텔레비전 프로그램에서 70대 남성이 인터뷰하는 모습을 본 적이 있습니다. 아내를 잃은 지 얼마 되지 않았다고 한 그는 "사실, 일 같은 건 별로 중요한 게 아니었다"라고 말했습니다. 일하지 않으면 생계를 유지할 수 없기에 일도 중요하지만, 아내를 잃고 나서야 일보다 더 중요한 것이 있다고 깨달았을 테지요.

그도 젊었을 때는 인생의 의미를 떠올린 순간이 있었을지 모릅니다. 하지만 **바쁜 일상 속에서 자신에게 정말 중요한 것이 무엇인지 잊고 살아왔던 것은 아닐까** 싶습니다. 왜 잊고 살았냐면, 성실하게 살아왔을지라도 '지금처럼 살아도 되나?'라는 생각에 마음이 흔들려 일할 의욕을 잃을까 봐 두렵기 때문입니다. 그러면 살아갈 의미를 찾기 어려울까 봐 불안한 것이지요.

일에서의 성공을 인생의 목표로 삼아온 사람이라도 이 사람 말을 들으면 깨닫는 게 있지 않을까요? 자신 역시 일에만 마음을 뺏긴 채 더 중요한 것을 놓치며 살아온 것은 아닌지 말입니다.

상담하러 오는 젊은이들에게 인생에서 무엇이 중요한지에 대해 이야기를 나누면 대부분 거부감 없이 받아들입니다. 상담하러 오는 사람들 중에 성공했다는 사람은 드뭅니다. 이 친구들은 어떤 식으로든 좌절을 겪었고, 그랬기에 일찍 인생의 진리를 만날 수 있었다고 생각합니다. 물론 이들이 어떻게 살아야 하는지 알고 있었던 것은 아닙니다. 다만 잃을 것이 없다고 여겼기에 제 이야기에 귀 기울였겠지요.

반면 고학력자에 성공을 거듭해 온 사람들은 대개 제 말을 머리로는 이해하면서도 쉽게 받아들이지는 못했습니다. 어쩌면 받아들이고 싶지 않았던 것인지도 모르지요. 만약 제 말을 인정한다면, '지금까지의 내 인생은 무엇이었단 말인가' 하는 생각에 고민에 빠질 테니까요.

물론 지금까지 이루어 온 것이 무의미하다는 말은 아닙니다. 그로 인해 타인에게 어떤 식으로든 공헌해 왔을 테니까요. 다만 일로 공헌하지 못하게 되었다고 해서 자신의 가치가 사라지는 것은 아닙니다. 그렇게 생각하기 위해서는 일 자체가 아니라 공헌에 주목해야 합니다.

공헌의 방식은 달라질 수 있습니다. 살아 있는 것만으로도 공헌하고 있다는 걸 받아들이면, 일할 수 없는 자신은 가치 없다는 생각은 하지 않게 될 겁니다.

행복하기 위해
삽니다

인생에서 중요한 것은 경쟁도 아니고, 성공도 아닙니다. 단적으로 말하자면 행복입니다.

5월의 긴 연휴를 기다리지도 않고—일본은 5월 초에 황금연휴가 있습니다—입사하자마자 회사를 그만두겠다고 마음먹은 젊은이가 있었습니다. 그 이유를 물었더니, 갑자기 맡게 된 방문 영업에서 한 건의 계약도 따내지 못했다고 하더군요. 수재로 평가받으며 자라온 그에게 있어 처음 겪는 실패였고, 그 탓에 큰 충격을 받았던 겁니다.

하지만 그가 회사를 그만두려는 이유는 이것뿐만이 아니었습니다. 그는 이렇게 말했습니다.

"상사의 모습이 전혀 행복해 보이지 않더라고요. 회사에 계속 다니면 월급 잘 받고, 이른 나이에 내 집 마련도 할 수 있겠지만 과로로 쓰러질지 모른단 생각이 들었어요. 그렇게 된다면 무슨 의미가 있죠? 일하기 위해 사는 게 아니라, 살기 위해 일하는 건데요. 일하면서 행복을 느끼지 못하는데 일할 이유가 있을까요?"

이해가 됐습니다. 아마 상사가 일하는 모습이 조금이라도 행복해 보였다면 그는 퇴사 결심을 하지 않았을지도 모릅니다.

그는 상사가 행복해 보이지 않던 이유를 직감적으로 알아차린 겁니다. 상사는 늘 경쟁하며 이기는 것만을 목표로 긴장하며 살고 있었던 겁니다.

그렇다면 어떻게 해야 행복하게 살 수 있을까요?

먼저 경쟁의 무대에서 내려오는 겁니다. 많은 사람이 어릴 때부터 경쟁에서 이기는 법만 듣고 자랍니다. 따라서 경쟁에서 졌을 때는 어떻게 해야 하는지 모릅니다. 아무도 가르쳐주지 않았기 때문입니다.

경쟁에서 진 적이 없는 사람일수록 한 번의 패배에 쉽게 무너집니다. 다음에 잘하면 된다는 격려를 받아도 다시 일어서지 못합니다. 경쟁에서 지는 순간 자신은 더 이상 가치가 없다고 판단하기 때문입니다. 그렇지만 **경쟁에서 이기든 지든 사람의 가치는 조금도 손상되지 않습니다.** 이 사실을 알게 되면 더 이상 긴장하며 살지 않아도 되고 행복하게 살 수 있습니다.

인생에는 경쟁에서 이기는 것보다 훨씬 더 어려운 과제들이 있습니다. 어린 시절 입시에 매진해 어려운 시험에 합격한 사람도, 이후에 그보다 더 큰 노력이 필요한 문제들과 부딪치게 됩니다. 일에서는 성공했지만, 인간관계에서는 어려움을 겪을 수도 있습니다. 아이가 부모의 눈에는 문제 행동을 하는 것처럼 보일 수도 있고, 파트너와의 관계가 악화될 수도 있습니다. 이런 일을 겪게 되면, 지금까지 순탄하다고 믿었던 인생의 길이 캄캄해집니다.

이런 때일수록 어려움을 헤쳐나갈 힘이 필요합니다. 그런 힘을 갖기 위해서는 인생을 경쟁으로 생각해서는 안 됩니다.

경쟁이 아닌 협력이 행복한 삶의 열쇠입니다. 협력하면 우리는 공헌감을 가질 수 있습니다. 이 공헌감에서 생겨나는 자신감은 경쟁을 통해 얻는 불안한 자신감과는 비교할 수 없을 만큼 단단하지요.

자신감이 있으면
조급해지지 않는다

지금까지 살펴본 내용을 바탕으로 앞으로 어떻게 살아가야 할지, 그 방향이 조금이라도 보였으면 좋겠습니다. 결국 우리가 할 수 있는 일은 아무것도 이루지 못해도, 성공하지 못해도, **지금 이 순간을 소중히 여기며 하루하루 성실하게 살아가는 것뿐**이라고 저는 생각합니다.

가져야 할 자신감과 갖지 말아야 할 자신감이 있습니다. 진정으로 유능한 사람은 자신의 유능함을 과시하지 않습니다. 자신 있다고 말하지도 않지요. 필요한 노력을 다하며 주어진 과제에 맞설 뿐입니다. 자랑하고 싶어 하는 자신감은 자만심이며, 건강하지 못합니다. 자랑이란 타인을 의식한 행위이기 때문입니다.

그렇다면 건강한 자신감이란 무엇일까요? 아들러는 이렇게 말합니다.

_《아들러 삶의 의미》

자신감 있는 사람은 과제가 아무리 어려워도 도망치지 않습니다. 불안에 흔들리거나 안 되는 핑계를 찾지 않고 인생의 과제를 직면합니다. 이것이 바로 건강한 자신감입니다.

건강한 자신감을 지닌 사람은 억지로 자신을 꾸미거나 남에게 잘 보이려 들지 않습니다. 지금의 나로부터 시작해 필요한 노력을 쌓아가면서 인생의 과제에 정면으로 맞섭니다.

또한 자신에 대한 평가와 자신의 가치는 별개라는 것을 압니다. 상사에게 "쓸모없는 놈"이라는 말을 들어도, 그것은 상사가 내린 하나의 평가에 지나지 않고, 그 평가가 절대적인 건 아니란 사실을 알기에 쉽게 무너지지 않습니다. 무슨 말을 들어도 낙담하지 않고, 실패하더라도 타인의 평가에 신경 쓰지 않고 다시 일어서기 위한 노력을 계속합니다.

당연한 말이
인생을 바꾼다

이 책을 쓰기 시작할 때 제 인생을 되돌아보니, 마음 한쪽에 늘 특별한 사람이 되고 싶다는 바람을 품고 있었으면서도 특별해지지 못하고, 미련만 간직한 채 살아왔다는 생각이 들었습니다. 특별함을 원했던 것은 있는 그대로의 나, 보통인 나를 받아들이기 어려웠던 탓이었겠지요.

자신을 잘 보이려 하지 않고 평범하게 산다는 것이 과연 어떤 의미일까, 다시 생각해 보니 자연스럽게 떠오른 사람이 있었습니다. 바로 아들러입니다.

아들러의 친구이자 작가였던 필리스 보톰 Phyllis Bottome 은 아들러를 만나기 전, 아들러를 '소크라테스와 같은 천재'로 상상했다고 합니다(에드워드 호프만Edward Hoffman의《아들러 평전The Drive for Self》). 그런데 실제로 마주한 아들러는 특출난 것도 없고 말도 잘하지 못했기에 실망했다고 합니다.

나중에 아들러가 전쟁에 대해 이야기하는 것을 보고 보톰은 아들러가 평범한 사람이 아니라고 생각하게 되었다고 합니다. 아마도 보톰이 기대했던 것은 카리스마로 압도하는 사람이었겠지요.

아들러의 사상은 특별하다는 인상을 주지 않습니다. 실제로 아들러의 강연을 들은 사람이 "오늘 당신이 한 이야기는 모두 너무 당연한 것common sense이었어요"라고 말했다는 일화도 전해집니다. 그런데 **이 당연한 것처럼 들리는 이야기가 듣는 사람의 인생을 확 바꾸기도 합니다.** 처음에는 마음을 울리지 않더라도, 시간이 지나 곤경에 처했을 때 의미를 발하기도 합니다.

다음과 같은 일화도 전해집니다. 어느 날, 강연 시간이 다 되었는데도 아들러가 보이지 않아 주최 측에서는 애가 탔습니다. 알고 보니 아들러는 이미 오래전에 강연장에 도착해 있었는데, 아무도 눈치채지 못했다는군요. 아들러의 인품을 알 수 있는 부분입니다.

보톰이 말한 소크라테스도, 말을 하지 않았다면 겉모습은 어디에나 있을 것 같은 할아버지처럼 보였을지도 모릅니다. 소크라테스는 어려운 철학 용어 대신 일상의 언어로 설파하며 듣는 이의 사고를 뒤흔들어 놓았지요.

이런 일화들이 보여주는 바는 분명합니다. 진정으로 뛰어난 사람은 자신을 특별하게 여기거나 남보다 우위에 서려고 하지 않는다는 점입니다. 아들러는 자신을 꾸미지 않고, 눈앞의 과제에 전력을 다해 맞서는 모습을 보여주었습니다. 그 평범해 보이는 모습이 많은 사람에게 용기를 주고, 삶을 붙잡아주는 힘이 되었습니다.

독자 여러분도 특별해지기 위해 애쓸 필요 없습니다. 카리스마를 과시하지 않아도, 화려하게 꾸미지 않아도 괜찮습니다. 지금의 자리에서 주어진 과제에 진지하게 맞서면 됩니다. 그런 태도가 다른 사람에게 영향을 주어 공헌하게 되고, 결국 여러분의 인생 자체를 풍요롭게 합니다.

비교 해방

황금 티켓 증후군에서 자유로워지는
아들러의 인생 수업

참고문헌

※ 한국어판이 있는 책은 한국어판 제목으로 표기했으며, 본문에 편의상 한국어로 제목을 달아둔 국내 미발간 영문판 및 독일어판 도서는 따로 한국어 표기를 하지 않았습니다. 국내에 여러 판본이 있는 경우는 책 제목과 저자만 기재했습니다.

— Adler, Alfred. *Adler Speaks*, Makr H. Stone and Karen A. Drescher eds., iUniverse, Ine., 2004.

— Adler, Alfred. *"Schwer erziehbare Kinder"*, In Alfred Adler. Psychotherapie und Erzieehung Band I, Fischer Taschenbuch Verlag, 1982

— Manster, Guy J et al. eds., *Alfred Adler: As We Remember Him*, North American Society of Adlerian Psychology, 1977

— 〈말해지지 않은 철학語られざる哲学〉《미키 기요시 전집 제18권》, 미키 기요시, 이와나미쇼텐, 1968

— 〈셰스토프적 불안에 대하여シェストフ的不安について〉, 《미키 기요시 전집 제11권》, 미키 기요시, 이와나미쇼텐, 1967

— 《어른이 된다는 건 무엇일까? 쓰루미 슌스케와 중학생들大人になるって何? 鶴見俊輔と中学生たち》, 쇼분샤, 2002

— 《웃음의 구조笑いの構造》, 우메하라 다케시, 가도카와쇼텐, 1972

— 《질투하지 않는 삶妬まずに生きる》, 기시미 이치로, 쇼덴샤, 2024

— 《행복의 철학幸福の哲学》, 기시미 이치로, 고단샤, 2017

— 《나의 철학 유언》, 쟈기통 저, 권○현 역, 농분선, 2000

— 《다시 일어서는 용기》, 알프레드 아들러 저, 유진상 역, 스타북스, 2021

— 《법철학 강요》, G. W. F. 헤겔 저

___ 《보이지 않는 것의 발견》, 유카와 히데키 저, 김성근 해제, 김영사, 2012

___ 《불안의 철학》, 기시미 이치로 저, 김윤경 역, 타인의사유, 2022

___ 《사람은 왜 신경증에 걸릴까》, 알프레드 아들러 저, 박우정 역, 박민수 감수, 에쎄, 2015

___ 《삶의 과학》, 알프레드 아들러 저, 정명진 역, 부글북스, 2014

___ 《아들러 평전》, 에드워드 호프만 저, 김필진·박우정 역, 글항아리, 2019

___ 《아들러는 아이들을 이렇게 치유했다》, 알프레드 아들러 저, 정명진 역, 부글북스, 2016

___ 《아들러의 삶의 의미》, 알프레드 아들러 저, 최호영 역, 을유문화사, 2019

___ 《아들러의 인간이해》, 알프레드 아들러 저, 홍혜경 역, 을유문화사, 2016

___ 《알프레드 아들러, 교육을 말하다》, 알프레드 아들러 저, 김세영 역, 부글북스, 2015

___ 《이솝 우화집》, 이솝 저

___ 《이제 당신의 손을 놓겠습니다》, 기시미 이치로 저, 전경아 역, 큰숲, 2025

___ 《인생론 노트》, 미키 기요시 저, 이성균·임진영 역, 지식공간, 2022

___ 《일과 인생》, 기시미 이치로 저, 전경아 역, 을유문화사, 2023

___ 《자기를 위한 인간》, 에리히 프롬 저, 강주헌 역, 나무생각, 2018

___ 《젊은 시인에게 보내는 편지》, 라이너 마리아 릴케 저

___ 《학교로 간 아들러의 개인 심리학》, 알프레드 아들러 저, 정명진 역, 부글북스, 2025

___ 《화내는 용기》, 기시미 이치로 저, 김윤경 역, 타인의사유, 2023

옮긴이 **김지윤**

가톨릭대학교에서 철학과 일본어를 전공하고, 세이신여자대학교에서 교환유학 후 와세다대학교 대학원 일본어교육학과에서 공부했다. 글밥아카데미를 수료하고 현재 바른번역 소속 번역가로 활동 중이다. 우연히 알게 된 번역의 매력에 푹 빠져 이제는 매일 번역과 함께하는 삶을 살고 있다. '비 온 뒤 맑게 갠 하늘처럼 개운한 번역을 하고 싶다'는 마음을 필명에 담았다.
옮긴 책으로는 《죽을 때까지 나를 다스린다는 것》《카피라이팅의 정석》《아주 세속적인 철학》《나이 들 용기》《칭찬이 불편한 사람들》《카를 융, 인간의 이해》 등이 있다.

비교 해방

황금 티켓 증후군에서 자유로워지는 아들러의 인생 수업

초판 1쇄 발행 2026년 2월 25일 | 초판 2쇄 발행 2026년 3월 10일

지은이 기시미 이치로 | 옮긴이 김지윤

펴낸이 신광수
출판IP사업본부장 강윤구 | 출판IP개발실장 위귀영
크로스오버IP팀 오유미, 김혜연, 조기준, 전해인, 조문채, 정혜리
출판IP디자인팀 최진아 | 글로벌IP사업팀 정승재, 김마이, 박재영, 이아람, 전지현
출판IP사업팀 이용복, 민현기, 우광일, 김선영, 이강원, 정유, 정슬기, 허성배, 정재욱, 박세화, 김종민, 정영묵
출판IP지원파트 이우성, 이주연, 전효정
스마트생산혁신팀 제작파트 이형배, 장현우
디자인 어나더페이퍼

펴낸곳 ㈜미래엔 | 등록 1950년 11월 1일(제16-67호)
주소 06532 서울시 서초구 신반포로 321
미래엔 고객센터 1800-8890
팩스 (02)541-8249 | 이메일 bookfolio@mirae-n.com
홈페이지 www.mirae-n.com

ISBN 979-11-7548-706-2 (03190)

와이즈베리는 참신한 시각, 독창적인 아이디어를 환영합니다.
기획 취지와 개요, 연락처를 bookfolio@mirae-n.com으로 보내주십시오.
와이즈베리와 함께 새로운 문화를 창조할 여러분의 많은 투고를 기다립니다.